SOCIÉTÉ INDUSTRIELLE
du Nord de la France.

CATALOGUE DE LA BIBLIOTHÈQUE

Septembre 1886

PAR ORDRE DE MATIÈRES.

EXTRAITS DU RÈGLEMENT DE LA BIBLIOTHÈQUE.

Art. 4. — La bibliothèque sera ouverte aux Sociétaires tous les jours de trois à six heures, excepté les dimanches, les jours fériés, et pendant la durée des vacances de la Société (du 1er août au 30 septembre).

Art. 5. — Les ouvrages seront délivrés par le Secrétaire-Adjoint aux Sociétaires, aux jours et heures sus-indiqués, sur leur demande par bulletin écrit. Le bulletin sera rendu à la remise du livre.

Art. 6. — Les ouvrages remis aux Sociétaires pourront être emportés par eux au salon de lecture ou dans tout autre salle dépendant des locaux affectés à la Société, mais ne pourront, en aucun cas, sortir de ces locaux.

Art. 7.(1) — Toutefois, en dérogation à l'article 6, les Commissions désignées par les Comités pour s'occuper d'une étude spéciale, pourront prendre charge, sur l'autorisation et sous la responsabilité du Président du Comité, des ouvrages appartenant à la première catégorie, c'est-à-dire aux livres ou collections anciennes dits *livres de recherches*. Cette autorisation ne pourra, dans aucun cas, être donnée pour les livres de la 2e catégorie (livres à consulter), comprenant les traités didactiques et les dictionnaires, non plus que pour les livres de la 2e et de la 3e catégorie, qui sont réservés pour le salon de lecture. — Ces livres des trois dernières catégories ne pouvant être consultés que sur place.

Art. 8. — Les Sociétaires ou les Délégués des Comités, désireux de travailler aux heures auxquelles la bibliothèque n'est pas ouverte, devront adresser au secrétariat une demande à laquelle sera annexé un bulletin contenant la spécification des ouvrages qu'ils ont à consulter. Ces ouvrages seront sortis de la bibliothèque et déposés au salon de lecture, sous la responsabilité des demandeurs. — Leur bulletin leur sera rendu par l'appariteur entre les mains de qui ils auront à faire la restitution des livres.

Art. 9. — La bibliothèque sera toujours ouverte pendant toute la durée des séances des Comités, et mise à leur disposition.

. . . .

Art. 14. — Le salon de lecture sera ouvert aux Sociétaires :

1° Tous les jours ouvriers, de 8 h. à 11 h. du matin, et de 2 h. à 9 h. du soir ;

2° Les dimanches, de 8 h. à 11 h. du matin seulement ;

3° Les jours de réunion des Comités ou des Commissions, une heure avant la réunion et pendant toute la durée de celle-ci.

---

(1) Cette autorisation a été étendue depuis à tous les Sociétaires sous leur seule responsabilité personnelle.

ASSEMBLÉE GÉNÉRALE MENSUELLE DU 29 MAI 1877.

Extrait du Procès-Verbal.

M. le Président fait connaître à l'assemblée la délibération suivante du Conseil d'administration dans sa séance du 25 mai 1877 :

« Le Conseil décide que le Bibliothécaire devra faire rentrer, *après un mois*, les ouvrages prêtés aux Sociétaires, et que, passé ce délai, une lettre imprimée, signée par lui, sera adressée, par le Secrétaire-adjoint, aux retardataires.

» Et que les journaux et publications périodiques, etc., ne pourront être prêtés avant qu'un numéro subséquent ait paru. *Le dernier numéro paru ne pourra, pour aucune raison, être distrait du salon de lecture.* »

INDEX.

A. — Économie politique, commerciale et industrielle

I. — TRAITÉS GÉNÉRAUX.

II. — TRAITÉS SPÉCIAUX.

B. — Sciences pures :

C. — Sciences appliquées. — Technologie :

I. — ARTS MATHÉMATIQUES.

II. — ARTS PHYSIQUES.

III. — ARTS CHIMIQUES.

IV. — ARTS DE LA GÉOLOGIE ET DE LA MINÉRALOGIE.

V. — ARTS DIVERS.

A. — ÉCONOMIE POLITIQUE, COMMERCIALE & INDUSTRIELLE.

I. — TRAITÉS GÉNÉRAUX.

ÉCONOMIE POLITIQUE.

N^{os} d'entrée.

257. MINISTÈRE DU COMMERCE. — Enquête sur la question monétaire. *2 vol. Paris, Imprimerie Nationale, 1872.*

258. MINISTÈRE DU COMMERCE. — Enquête sur la législation relative au taux de l'intérêt. *2 vol. Paris, Imprimerie Nationale, 1865.*

291. EMION (E.). — La taxe du pain. *1 vol. Abbeville, P. Briez, s. d.*

294. BRINCARD (E.). — De l'institution comparée des caisses d'épargne en Angleterre et en France. *1 vol. Paris, Imprimerie Impériale, 1867.*

306 *bis.* KUHLMANN. — Rapport d'une commission spéciale chargée de l'examen du projet de loi concernant l'impôt sur les revenus mobiliers. 15 décembre 1848.

306 *bis.* KUHLMANN. — Établissements de nouveaux impôts. Rapport sur les matières tinctoriales et les produits chimiques dérivés du sel, présenté le 30 mai 1871 au Comité consultatif des Arts et Manufactures.

353. SCRIVE-LOYER. — Causerie sur le libre-échange dédiée aux gens du monde. *1 fasc. Lille, Robbe, 1876.*

360. ENGEL DOLLFUS. — Étude sur l'épargne, les institutions de prévoyance et la participation aux bénéfices. *1 vol. Mulhouse, Vve Bader et Cie, 1876.*

426. S. E. MAURIN. — Rapport des lois et des mœurs avec la population. *1 br. Paris, Delahaye, 1877.*

510. E. FAUCONNIER. — Protection et libre-échange. *1 vol. Paris, Germer-Baillère, 1879.*

619. A. L. P. — L'Impôt, ce qu'il doit être. *1 br. Lille, Leleux, 1873.*

620. J. JOMBARD. — Nouvelle économie sociale ou monautopole industriel, artistique, commercial et littéraire. *1 vol. Bruxelles,
A. Leclercq et Slingeneyer aîné, 1844.*

622. ANCELLIN. — A tous et pour tous les agriculteurs, industriels,
commerçants, travailleurs, et des abus dont ils sont frappés.
1 vol. Lille, Horemans, 1859.

624. P. ACLOQUE. — Conférence sur la situation économique de la
France, les traités de commerce et les tarifs de douane.
1 br. Foix, Pomiès, 1879.

630. CH⁵ TELLIER. — La vie à bon marché. *1 br. Paris, Roussel, 1880.*

642. A. RENOUARD. — Les cocasseries libre-échangistes. *1 br. Lille,
Camille Robbe, s. d.*

706. A. JOIRE. — Le travail, richesse du peuple, 1ʳᵉ partie. *1 br. Lille,
Lefebvre-Ducrocq, 1881.*

770. MARQUIS D'AUDIFFRET. — Système financier de la France. *7 vol.
Paris, Vᵛᵉ Ethiou-Pérou, 1876.*

776. J. M. PÉROT.—Impôts. Quel est le meilleur mode à adopter. *1 fasc.
Lille, Massart, 1881.*

808. F. DUPLAN. — De la réorganisation du Crédit Foncier de France.
1 br. Paris, Dentu, 1877.

815. HEURTIER. — Rapport à S. Ex. le Ministre de l'Agriculture, du
Commerce et des Travaux Publics, fait au nom de la
Commission chargée d'étudier les différentes questions qui
se rattachent à l'émigration européenne, *1 vol. Paris,
Imprimerie Impériale, 1854.*

898. TH. FR. COURCHÉ. — Essai sur les questions du travail. *1 vol.
Hâvre, Ch. Delevoye, 1883.*

990. CH. MANIEZ. — Notes sur l'état économique et social de la France.
Valenciennes, G. Giard, 1884.

1076. CH. GUERMONPREZ. — La protection et le libre-échange. *Lille,
Castiaux, 1885.*

1078. J.-B. MARIAGE. — De la détaxe coloniale. Mémoire présenté au
Comité central des fabricants de sucre de France. *Valenciennes, Louis Henry, 1869.*

1232. René TELLIEZ. — Principes élémentaires d'économie politique à
l'usage des lycées et collèges. *1 vol. Lille, Danel, 1883.*

ÉCONOMIE COMMERCIALE.

321. CHAMBRE DE COMMERCE DE DOUAI. — Compte-rendu des travaux de la chambre pendant l'année 1874. *1 vol. Douai, Dechristé, 1875.*

322. CHAMBRE CONSULTATIVE DE FLERS. — Réponse à M. le Ministre du Commerce relative à la question des traités de commerce *1 fasc. Flers, Folloppe, 1875.*

325. CHAMBRE DE COMMERCE DE LILLE. — Observations présentées à M. le Ministre du Commerce sur l'application de l'impôt de 3 %₀ aux sociétés en nom collectif. *1 fasc. Lille. Danel, 1875.*

346. AD. TERWAGNE. — Le commerce extérieur et la région du Nord. *1 vol. Lille, Ducoulombier et Cⁱᵉ, 1875.*

355. CHAMBRE DE COMMERCE DE LILLE. — Archives de la chambre de commerce de Lille 1832 à 1883. *20 vol. Lille, Danel.*

365. SOCIÉTÉ INDUSTRIELLE DE ST-QUENTIN. — De la nécessité de modifier les délais pour la notification des protêts faute de paiement. *1 fasc. St-Quentin, Jules Moureau, 1876.*

372. SOCIÉTÉ INDUSTRIELLE D'AMIENS. — Rapport sur les abus qu'entraîne l'usage des délais accordés par la loi au remboursement des effets protestés. *1 fasc. Amiens, T. Jeunet, 1875.*

384. CHAMBRE DE COMMERCE DE LILLE. — Renouvellement des traités de commerce. — Tarifs de douanes. *1 fasc. Lille, Danel, 1877.*

391. CHAMBRE DE COMMERCE DE LILLE. — Réponse à la circulaire de M. le Ministre du Commerce sur la question des exportations temporaires. *1 fasc. Lille, Danel. 1877.*

396. CHAMBRE DE COMMERCE DE LILLE. — Lettre à M. le Ministre du Commerce sur les tarifs des douanes. *1 fasc. Lille, Danel, 1877.*

419. SOCIÉTÉ NATIONALE D'ÉDUCATION DE LYON. — Rapport sur un projet de fondation, en France, d'un institut des hautes études commerciales. *1 br. Lyon, Albert, 1872.*

442, 529 ⎰ CHAMBRE DE COMMERCE DE ROUBAIX. — Archives. Années 1877,
605, 663 ⎱   1878, 1879, 1880. *4 vol. Roubaix, Alfred Reboux.*

443. .... — Texte de la loi belge sur l'encaissement des effets par la poste. *1 fasc. Bruxelles, 1877.*

451. CHAMBRE DE COMMERCE DE LILLE. — Examen du projet de loi sur le tarif général des douanes. *1 br. Lille, Danel, 1878.*

598. LEURIDAN, Théodore. — Histoire et archives de l'ancienne chambre consultative des arts et manufactures de Roubaix. *1 vol. Roubaix, Alfred Reboux, 1879.*

655. H. LECOCQ. — Annuaire statistique du département du Nord. *1 vol. Lille, Danel, 1881.*

717. .... — Tarif général des douanes. *1 br. Paris, 1881.*

793. Ém. DUPONT. — Réponse faite au rapport sur la situation actuelle du commerce d'exportation. *1 br. Beauvais, D. Père, 1882.*

794. MINISTÈRE DU COMMERCE. — Atlas graphique et statistique du commerce de la France avec les pays étrangers, de 1859 à 1875. *Paris, J. Baudry, 1878.*

801 et 1254. MINISTÈRE DU COMMERCE. — Annuaire statistique de la France Années 1878 à 1885. *8 vol. Paris, Imprimerie Nationale.*

811. Henri HOUTAIN. — Essai sur l'industrie et le commerce belges, français et étrangers ; leur état actuel et leur avenir. *1 vol. Gand, Ad. Hoste, 1876.*

812. A. LEBAUDY. — L'organisation commerciale et le magasinage public en France et en Angleterre. *1 vol. Paris, P. Dupont, s. d.*

817. MINISTÈRE DU COMMERCE. — Admissions temporaires. *1 vol. Paris, Imprimerie Nationale, 1878.*

818. MINISTÈRE DU COMMERCE. — Tableau général du commerce de la France avec ses colonies et les puissances étrangères de 1876 à 1881. *6 vol. Paris, Imprimerie Nationale, 1882.*

831. MINISTÈRE DU COMMERCE. — Tableau général du commerce roumain en 1881. *1 vol. Bucharest, Statulin, 1882.*

848. Max HOFMANN. La tarification allemande et ses anomalies. *1 br Fécamp, G. Nicolle, 1882.*

849. G. DENIS. — Discours prononcé au Sénat en 1882 sur le projet de loi relatif au traité de commerce avec l'Italie. *1 br. Paris, Imprimerie du Journal officiel, 1882.*

985. Archives de la Chambre de Commerce de Lille. Tome XIXe, 1884. *1 vol. Lille, L. Danel, 1885.*

998. Armand MASSIP. — La France commerciale et industrielle comparée aux puissances étrangères. *1 br. Paris, Bureau du Génie civil, 1884.*

1049. Émile CACHEUX. — L'économiste pratique. Construction et organisation des crèches, salles d'asile, écoles, habitations ouvrières, hôtels, bains, lavoirs, etc., etc. Etablissements, mécanisme,

statuts et réglements des institutions de prévoyance et de
bienfaisance. *1 vol. et 1 atlas. Paris, Baudry et Cie, 1885.*

1093. Pouyer-Quertier. — Conférence économique faite à Bordeaux le
15 juin 1879. *1 br. Paris, Rousset et Cie.*

1094. Pouyer-Quertier.— Discours prononcé à Toulouse le 23 novembre
1879. *1 br. Paris, Société anonyme des publications périodiques.*

1095. .... — Compte-rendu sténographique du 2e congrès des
chambres de commerce favorables au travail national, tenu
à Paris, le 5 mai 1880. *1 br. Paris, Rousset et Cie.*

1113. Henri Labbe-Rousselle. — Rapport sur le projet de loi sur les
sociétés par action, 11 novembre 1885. *1 fasc. Lille, Danel,
1885.*

1141. Delahaye-Bougère fils. — Enquête sur les traités de commerce.
Mémoire adressé à M. le Rapporteur de la commission du
tarif général des douanes. Corderie. *1 br. Paris, A. Lahure,
1879.*

1142. De Capol. — Nécessité d'un tarif de douanes spécial à l'industrie
chanvrière. *1 br. Angers, Germain et G. Grassin, 1879.*

1155. Delahaye-Bougère fils. — Réponse à la contre-pétition de la
corderie d'Abbeville à la Chambre des Députés. *1 br. Paris,
A. Lahure, 1879.*

1156. Le comte Le Gonidec de Traissan. — Lettres et notes adressées
par le comité d'initiative de la corderie française à MM. les
Députés au sujet de deux amendements au projet de loi
relatif à l'établissement du tarif général des douanes, *1 br.
Paris, A. Lahure. 1880.*

1226. Archives de la Chambre de Commerce de Lille. — Tome XXe,
1885. *1 vol. Lille, Danel, 1886.*

1242. Eug. De Masquard.— Le faux et le vrai libre-échange. *1 br. Paris,
Librairie agricole, 1881.*

ÉCONOMIE INDUSTRIELLE.

94. KUHLMANN, F. — Les conquêtes de la science aux prises avec l'impôt (droit sur le sel des soudières). *Lille, Danel, 1873.*

277. MINISTÈRE DU COMMERCE. — Statistique de la France. Industrie. *4 vol. Paris, Imprimerie Nationale, 1847 à 1852.*

282. MINISTÈRE DU COMMERCE. — Statistique de la France. Industrie. Résultats de l'enquête effectuée dans les années 1861 à 1865. *1 vol. Nancy, Berger, Levrault et Cⁱᵉ. 1873.*

306 *bis.* KUHLMANN. — Lettre du 19 juin 1848 adressée au Ministère de l'Agriculture et du Commerce par la Chambre de Commerce de Lille sur la situation des industries de l'arrondissement.

368. .... — Notice sur les installations ouvrières de la société Oescher, Mesdach et Cⁱᵉ, à Ougrée (Liège). *1 fasc. Liège, Léon de Thier, 1876.*

348. CHAMBRE DE COMMERCE DE LILLE. — Protection des apprentis et des enfants employés dans les manufactures. *1 br. Lille, Danel, 1876.* ·

329. CHAMBRE DE COMMERCE DE LILLE. — Observations adressées à M. le Préfet du Nord sur le travail des enfants et des femmes dans les manufactures. *1 fasc. Lille, Danel. 1875.*

742. SOCIÉTÉ INDUSTRIELLE DE MULHOUSE. — Enquête décennale sur les institutions d'initiative privée destinées à favoriser l'amélioration de l'état matériel et moral de la population de la Haute-Alsace. *1 vol. Mulhouse, Vᵛᵉ Bader, 1878.*

8)4. DE FREYCINET. — Rapport sur la réglementation du travail des enfants et des femmes dans les manufactures de l'Angleterre. *1 br. Paris, Imprimerie Impériale, 1867.*

834. MAX. MEUNIER. — Traité des causes des incendies et guide pratique pour l'emploi des moyens préservatifs contre l'incendie. *1 vol. Lille, Danel, 1880.*

885. Th.-Fr. COURCHÉ. — Rapport sur la question des accidents du travail. *1 br. Hâvre, 1883.*

899. SOCIÉTÉ INDUSTRIELLE DE MULHOUSE. — Réglements concernant les ouvriers employés aux métiers à filer automates. *9 br. et fasc. Mulhouse, Vᵛᵉ Bader et Cⁱᵉ, s. d.*

925. A. Renouard. — De la responsabilité des patrons en matière d'accidents agricoles ou industriels. *1 br. Lille, Verly, Dubar et Cie, 1884.*

940. A. Bellaigue. — Examen critique d'une proposition de loi relative à la responsabilité des accidents dont les ouvriers peuvent être victimes dans l'exercice de certaines professions. *1 br. Paris, Chaix, 1884.*

1001. Georges Fillion. — L'exploitation du Tonkin. *1 br. Paris, Challamel aîné, 1884.*

1068. Ricœur et Laporte. — La fermière ou projet d'association pour l'exploitation du sol. *1 br. Mirecourt, Chassel, 1881.*

1264. Ministère de l'Agriculture , de l'Industrie et des Travaux publics de Belgique. — Questionnaire de la Commission du travail instituée par arrêté royal du 15 avril 1886. *1 br. Bruxelles , F. Hayez , 1886.*

JURISPRUDENCE & LÉGISLATION.

274. DE FREYCINET. — Travail des enfants dans les manufactures. Législation prussienne. *1 fasc. Baden-Baden, 1867.*

336. L. A. BLOQUET. — Cours abrégé de législation usuelle civile, commerciale et industrielle. *1 vol. Saint-Cloud, Vᵛᵉ Eug. Belin, 1876.*

490. Em. DELECROIX. — Traité théorique et pratique de la législation des mines. *1 vol. Paris, Marescq, 1878.*

506. H. RIVIÈRE. — Codes français et lois usuelles annotés, 5ᵉ édition. *Paris, Marescq aîné, 1879.*

803. MINISTÈRE DU COMMERCE.— Enquête sur les conseils de prud'hommes et les livrets d'ouvriers. *3 vol. Paris, Imprimerie Impériale, 1869.*

809. Marius MORAND. — La législation des patentes appliquée aux industries textiles. *1 vol. Lyon, Pitrat, 1880.*

1006. Jules RICHARD. — Le protectionisme rationel. *1 br. Philippeville, H. Torterue, 1884.*

1013. Gustave DUBAR. — L'impôt sur les matières premières et les traités de commerce franco-anglais et franco-belge. *1 br. Lille, Leleux, 1873.*

1017. A. RENOUARD. — Nouvelles observations sur la question de la responsabilité des patrons en matière d'accidents agricoles ou industriels. *1 br. Lille, Verly, Dubar et Cⁱᵉ, 1885.*

1194. A. RENOUARD. — De la responsabilité des patrons en matière d'accidents agricoles ou industriels. *1 br. Camille Robbe, 1884.*

1196. COTTIGNIES. — Du rattachement de la juridiction volontaire à la juridiction contentieuse. *1 br. Besançon, Millot frères, 1885.*

DOCUMENTS DIVERS.

207. Six, Henri. — Projet d'amortissement des 1,300 millions dûs à la Banque de France et de la dette consolidée. *1 fasc. Lille, A. Massart, 1874.*

260. Ministère du Commerce. — Enquête sur l'enseignement professionnel. Dépositions. *2 vol. Imprimerie Impériale, 1864.*

261. Ministère du Commerce. — Enquête sur l'enseignement technique. Rapports et notes. *1 vol. Paris, Imprimerie Impériale, 1864.*

284. Ministère du Commerce. — Statistique de la France. Mouvement de la population de 1851 à 1853-54-55 à 57-61 à 65-66 à 68. *5 vol. Strasbourg, Vᵛᵉ Berger-Levrault, 1870.*

285. Ministère du Commerce. — Statistique de la France. Dénombrement de la population en 1856. *1 vol. Strasbourg, Vᵛᵉ Berger-Levrault, 1859.*

286. Ministère du Commerce. — Statistique de la France. Résultats généraux du dénombrement de 1872. *1 vol. Imprimerie Nationale, 1873.*

299. Banque de France. — Compte-rendu au 28 janvier 1875. *Paris, imprimerie de la Banque de France.*

301. Conseil général du Nord. — Rapport du Préfet et procès-verbaux des délibérations. Session d'octobre 1874. *Lille, L. Danel.*

304.9 10
26.42.54
70.71.90 Conseil général du Nord. — Rapport du Préfet et procès-verbaux
97.440.41 des délibérations. Sessions de 1875 à 1880. *Lille, L. Danel.*
61.88.556
85.613

331. Ch. Méry de Montigny. — Notice relative à l'importance des départements du Nord de la France. *1 br. Lisbonne, Lallemant frères, 1875.*

344. Banque de France. — Compte-rendu au 27 janvier 1876.

388. Banque de France. — Compte-rendu au 25 janvier 1877.

446. Banque de France. — Compte-rendu au 31 janvier 1878.

528. Banque de France. — Compte-rendu au 30 janvier 1879.

572. Ville de Lille. — Rapport au Conseil municipal, présenté par le

maire de Lille, sur l'administration de la ville pendant l'année 1878. *1 vol. Lille, Castiaux, 1879.*

667. BANQUE DE FRANCE. — Compte-rendu au 27 janvier 1881.

730. G. DUBAR. — Emprunts et travaux nécessaires pour terminer l'agrandissement de la ville de Lille. *1 br. Lille, Leleux, 1881.*

757. BANQUE DE FRANCE. — Compte-rendu au 26 janvier 1882.

857. BANQUE DE FRANCE. — Compte-rendu au 25 janvier 1883.

858. VILLE DE LILLE. — Rapport au Conseil municipal, présenté par le maire de Lille, sur l'administration de la ville pendant l'année 1881. *Lille, Castiaux, 1882.*

877. CONSEIL GÉNÉRAL DU NORD. — Rapport du Préfet et procès-verbaux des délibérations. Session d'avril 1883. *Lille, L. Danel.*

927. BANQUE DE FRANCE. — Compte-rendu au 31 janvier 1884.

944. CONSEIL GÉNÉRAL DU NORD. — Rapport du Préfet et procès-verbaux des délibérations. Sessions d'avril 1884. *1 vol. Lille, L. Danel, 1884.*

966. CONSEIL GÉNÉRAL DU NORD. — Procès-verbaux des délibérations. Session d'août 1884. *2 vol. Lille, Danel, 1884.*

1020. BANQUE DE FRANCE. — Compte-rendu au 29 janvier 1885. *1 vol. Paris, Paul Dupont, 1885.*

1026. MINISTÈRE DE L'INSTRUCTION PUBLIQUE ET DES BEAUX-ARTS. — Comité des travaux historiques et scientifiques. Liste des membres titulaires, honoraires et non résidants du Comité, des correspondants et des correspondants honoraires du ministère de l'Instruction publique, des sociétés savantes de Paris et des départements. *1 br. Paris, Imprimerie Nationale, 1885.*

1055. DÉPARTEMENT DU NORD. — Rapport du Préfet et délibérations du Conseil général. Session d'avril 1885. *1 vol. Lille, L. Danel, 1885.*

1065. Aimé HOUZÉ DE L'AULNOIT. — Les ouvriers belges à Lille. Étude sur les conditions d'admissibilité des indigents étrangers aux secours publics. *1 br. Lille, L. Danel, 1885.*

1077. UNION DES DISTILLATEURS DU DÉPARTEMENT DU NORD. — Mémoire adressé au Président de la République. *1 br. Lille, Blocquel-Castiaux, 1872.*

1106. CONSEIL GÉNÉRAL DU NORD. — Rapport du Préfet et procès-verbaux des délibérations. Session d'août 1885. *Lille, L. Danel, 1885.*

1125. BANQUE DE FRANCE. — Compte-rendu au 28 janvier 1886. *1 vol Paris, Paul Dupont, 1886.*

1256. DÉPARTEMENT DU NORD. — Rapport du Préfet et délibérations du Conseil général. Session d'Avril 1886. *1 vol. Lille , Danel , 1886.*

1259. René GOBLET, ministre de l'Instruction publique. — Discours prononcé le samedi 1er mai 1886 à la séance de clôture du congrès des sociétés savantes , à la Sorbonne. *1 br. Paris , Journaux officiels , 1886.*

II. — TRAITÉS SPÉCIAUX.

AGRICULTURE.

827. Ernest Robert. — Organisation de l'enseignement agricole. *1 br. Saint-Quentin, Jules Moureau, 1882.*

828. Magnin fils. — Mémoire sur les obstacles que rencontre le progrès en agriculture. *1 br. Douai, Dutilleul et Laigle, 1866.*

986. Henry Grosjean. — Rapport sur l'industrie laitière aux États-Unis (extrait du Bulletin de l'Agriculture). *1 br. Paris, Imprimerie Nationale, 1882.*

996. Paul Véret. — Les concours agricoles. Le progrès agricole ; question matérielle ; de la propriété des défrichements des terres. *1 br. Amiens, Oscar Sorel, 1878.*

1012. Butin et Peucelle. — L'agriculture, le libre-échange et les pouvoirs publics. Mars 1880. *1 br. Bailleul, Vve Vanneufville-Bernoux.*

1015. Friedr. Haberlandt. — D'e sojabohne. Ergebnisse der studien und Versuche über die an bauwürdigkeit dieser neu einzuführenden culturpflanze. *1 br. Wien, Carl Gerold's Sohn, 1878.*

1029. John L Hafes. — Scheep husbandry in the south. *1 br. Boston, John Wilson and Son. 1878.*

1056. Paul Pierrard. — Comment résoudre les difficultés économiques actuelles ? Études sur la situation agricole, industrielle et commerciale en France et les moyens, proposés en 1885, pour l'améliorer. *1 br. Paris, Guillaumin et Cie, 1885.*

1075. Payen. — Législation des céréales. Procès-verbaux des délibérations de la Société impériale et centrale d'agriculture. Séances du 9 mars au 27 avril 1859. *1 br. Paris, Vve Bouchard-Huzard, 1859.*

1165. V. Groualle. — La crise agricole. Discours prononcé le 11 février 1885 à l'assemblée générale de la Société des Agriculteurs de France. *1 br. Paris, Société des Agriculteurs, 1885.*

1172. Vallet-Rogez. — Résumé des questions économiques développées par la délégation du Comice agricole de Lille devant les commissions parlementaires et extra-parlementaires, dans les audiences du 12 février 1886. *1 br. Lille, Castiaux, 1886.*

1174. Alfred Trannin. — Société des Agriculteurs du Nord. Notes de voyages et rapport au nom de la mission en Allemagne. *1 br. Lille, Verly, Dubar et Cie, 1885.*

1187. E. Deusy. — Discours sur les syndicats agricoles et sur le vinage à prix réduit, prononcés les 14 et 17 février 1885 à l'assemblée générale des Agriculteurs du Nord. *1 br. Paris, Société typographique, 1885.*

1188. Alfred TRANNIN. — Société des Agriculteurs du Nord. Notes de voyage et rapport sur le 2e voyage de la mission en Allemagne. *1 br. Lille, Verly, Dubar et Cie, 1885.*

1233. SOCIÉTÉ DES AGRICULTEURS DE L'ARRONDISSEMENT D'AVESNES. — Rapport relatif au transport du bétail destiné aux pâturages. Modifications à apporter aux tarifs et aux délais de parcours. *1 br. Avesnes, Dubois-Viroux, 1881.*

1235. EM. MACAREZ. — Notes sur les droits compensateurs réclamés par les agriculteurs. *1 br. Valenciennes, Louis Henry, 1879.*

1239. G. BUTEL. — Rapport sur la crise agricole et sur l'organisation d'un Congrès national, *1 br. Meaux, Charriou, 1884.*

1240. SOCIÉTÉ D'AGRICULTURE DE BOURBOURG. — Question du nouveau régime des concours départementaux, *1 br. Bourbourg, Spas-Kuhn, 1883.*

1241. CONSEIL GÉNÉRAL DE L'AISNE. — Session d'avril 1884 Enquête agricole. Rapport et délibération, *1 br. Laon. A. Cortilliot, 1884.*

1243. BOUCHER D'ARGIS. — Rapport sur l'importation en France des viandes de porc salées de provenance étrangère. *1 br. Paris, Société des agriculteurs de France, 1884.*

1244. CARRÉ. — Comice agricole de Château-Thierry. Rapport sur les tarifs de douane, *1 br. Château-Thierry, 1884.*

BIENFAISANCE.

postale. Projet de M. de Normandie. *1 fasc. Lille, Lefebvre-Ducrocq, s. d.*

671. LEDIEU. — Modifications introduites dans le régime des caisses d'épargne actuelles par la loi du 9 avril 1881 sur les caisses postales. *1 br. Lille, Lefebvre Ducrocq, 1881.*

BREVETS D'INVENTION & MARQUES DE FABRIQUE

306. KUHLMANN. — Chambre de commerce de Lille. Projet de loi sur
bis.   les brevets d'invention. Considérations présentées au Ministre
de l'Agriculture, du Commerce et des Travaux publics.
14 décembre 1857. *1 fasc. Lille, Danel, 1857.*

Dᵒ KUHLMANN. — Rapport au nom de la Commission chargée d'examiner la question relative à la législation des brevets d'invention. 8 mai 1850. *1 fasc. Lille, Danel.*

Dᵒ KUHLMANN. — Chambre de commerce de Lille. Observations adressées au Ministre de l'Agriculture, du Commerce et des Travaux publics, sur la législation des brevets d'invention.
16 avril 1855. *Lille, Danel.*

401. NÉLATON et Cⁱᵉ. — Les marques de fabrique françaises. Sauve-
garde du producteur français *1 album. Paris, Nélaton et Cⁱᵉ,
1877.*

514. J. BOZERIAN. — Rapport fait au Sénat, relatif aux dessins et
modèles industriels. *1 vol. Versailles, Imprimerie du Sénat,
1879.*

639. .... — Loi belge sur les marques de fabrique et de
commerce. *1 fasc. Paris, Chˢ Desnos, 1879.*

640. Chˢ DESNOS. — Résumé des législation française et étrangères sur
les marques de fabrique, modèles et dessins. *1 br. Paris,
Ch. Desnos, s. d.*

641. Chˢ DESNOS. — Résumé des législations française et étrangères sur
les brevets d'invention. *1 br. Paris, Ch. Desnos, 1879.*

836. Aug. FAUCHILLE. — Traité des dessins et modèles industriels.
1 vol. Paris, J. Mayet et Cⁱᵉ, 1882.

CHEMINS DE FER.

40. F. KUHLMANN. — Chemin de fer du Nord. Observations sur le projet de loi présenté aux Chambres législatives. *1 fasc. Lille, Vanackere, 1845.*

306 KUHLMANN. — Observations présentées au Conseil d'État sur le
bis. projet de loi relatif au chemin de fer de Saint-Quentin à Erquelines. 14 mars 1850. *1 fasc. Lille, Vanackere.*

Dᵒ KUHLMANN. — Avant-projet du chemin de fer de Soissons à la frontière de Belgique, avec embranchement de cette ligne à celle de Saint-Quentin à Erquelines. 28 mars 1861. *1 fasc. Lille, Danel.*

Dᵒ KUHLMANN. — Rapport sur les chemins de fer d'intérêt local. *1 fasc. Lille, Danel.*

407. CHAMBRE DE COMMERCE DE LILLE. — Chemins de fer. Réponse aux questions posées par la Commission du Sénat. *1 br. Lille, 1877.*

466. A. STIÉVENART. — La question des voies de transport dans la région du Nord. *1 br. Lille, Leleux, 1878.*

702. Ch. AVEROUS. — Les tarifs de chemins de fer en France et à l'étranger. *1 br. Hâvre, Brenier, 1881.*

768. PARLEMENT ITALIEN. — Extraits du rapport de la Commission d'enquête parlementaire sur l'exploitation des chemins de fer italiens. *1 vol. Paris, Chaix, 1882.*

881. Léon FRANCQ. — Chemin de fer métropolitain de Paris. Traction. Locomotives à foyer. Système funiculaire. Moteurs électriques. Locomotives à vapeur sans foyer. *1 br. Paris, Capiomont et Renault, 1883.*

1014. Émile LEVEL. — Les Chemins de fer et le budget. *1 br. Paris, Nouvelle revue, 1883.*

1043. Gustave DUBAR. — Les conventions avec les grandes Compagnies de chemins de fer et la région du Nord. *1 br. Lille, Verly, Dubar et Cⁱᵉ, juillet 1883.*

1249. CHARLES LIMOUSIN. — La théorie commerciale des tarifs de chemins de fer. Rapport au Syndicat de l'Union nationale du

Commerce et de l'Industrie, sur les nouveaux tarifs du
P.L.M., *1 br. Paris, Guillaumin et Cie, 1886.*

1258. QUESTIONS DE CHEMINS DE FER. — Les chemins de fer et la
concurrence. *1 br. Paris, Société générale de Papeterie, 1886.*

HOUILLES.

NAVIGATION.

206. GUILLAUMIN et Cⁱᵉ. — Dictionnaire universel, théorique et pratique du Commerce et de la Navigation. *2 vol. Paris, Guillaumin et Cⁱᵉ, 1873.*

256. MINISTÈRE DU COMMERCE. — Enquête sur la marine marchande. *2 vol. Paris, Imprimerie impériale, 1863.*

270. MINISTÈRE DU COMMERCE. — Commission chargée d'examiner les moyens de venir en aide à la marine marchande. *1 vol. Paris, Imprimerie nationale, 1874.*

306 bis. KUHLMANN, F. — Chambre de commerce de Lille. — Observations adressées au Ministre des Travaux publics concernant la navigation intérieure et l'établissement d'une tarification uniforme. 13 février 1846 et 13 mars 1846. *Lille, Vanackere.*

Dᵒ CHAMBRE DE COMMERCE DE LILLE. — Navigation intérieure. 1849. Rapport présenté à la Chambre de commerce sur la question posée par le Ministre des Travaux publics relativement au service des ponts de l'Oise et sur l'état actuel de la navigation. 10 mars 1849. *Lille, Vanackere, 1849.*

Dᵒ CHAMBRE DE COMMERCE DE LILLE. — Navigation intérieure. Observations contre l'affermage des canaux et la tarification uniforme du péage des voies navigables. 6 juin 1853. *Lille, Danel, 1853.*

Dᵒ KUHLMANN. — Affermage des canaux. Lettre au Ministre de l'Agriculture et du Commerce. 22 mars 1851.

Dᵒ KUHLMANN. — Conseil général du Nord. Session de 1869. Rapport sur la navigation. 30 août 1869. *Lille, Danel.*

335. L. BARRET. Note sur l'aménagement des ports de commerce. *1 vol. Marseille, Barlatier-Feissart, s. d.*

723. A. FLAMANT. — Notice sur l'avant-projet du canal du Nord sur Paris. *1 br., Lille, Danel, 1881.*

813. Alexandre SCHULZ. — Notice sur les pêcheries et la chasse aux phoques dans la mer Blanche, l'Océan glacial et la mer Caspienne. *1 br. Saint-Pétersbourg, Trenké et Fusnot, 1873.*

816. J.-A. FILLEAU. — Traité de l'engagement des équipages des bâtiments du commerce. *1 vol. Paris, Paul Dupont, 1862.*

1180. Pouyer-Quertier. — Conférence sur la situation économique, la marine marchande et le travail national, faite à Nantes le 21 décembre 1879. *1 br. Paris, Rousset et Cie*.

1216. Louis Verstraet. — Le canal maritime de l'Océan à la Méditerranée, au point de vue politique et militaire. *1 br. Paris, G. Chamerot. 1882.*

PRODUITS CHIMIQUES.

SUCRES.

des progrès à réaliser dans la fabrication du sucre. *1 br.
Paris, P. Dubreuil, 1884.*

1037. E. Vion. — De l'avenir de la sucrerie indigène. *1 br. Saint-Quentin, Hourdequin et Thiroux, 1865.*

1038. J. B. Mariage. — L'Industrie sucrière de l'arrondissement de. Valenciennes à l'Exposition universelle de 1867. Rapport. *1 br. Valenciennes. Journal de la Sucrerie indigène, 1867.*

1079. E. Vion. — Question des sucres. Cinq lettres sur la crise de l'industrie sucrière et les remèdes à y apporter. Janvier 1881. *1 br. Paris, Sucrerie indigène et coloniale, 1881.*

1080. Mehay. — Étude sur la betterave à sucre. Mémoire présenté à l'Académie des Sciences par M. Payen. Séance du 16 mars 1868. *1 br. Valenciennes, Louis Henry, 1868.*

1081. Comité sucrier de l'arrondissement de Lille. — Révision du régime général des sucres. — Conditions d'équilibre entre les divers intérêts engagés dans l'industrie sucrière *1 br. Lille, Lefebvre-Ducrocq, 1862.*

1082. .... — Question des sucres. Lettre d'un fabricant de sucre indigène à ses confrères sur l'impôt à la consommation et sur la nécessité du *statu quo* dans la législation des sucres. *1 br. Paris, Retaux frères, janvier 1866.*

1083. Comité sucrier de l'arrondissement de Lille. — Observations sur le projet de loi des sucres. — Question des classes et types. *1 br. Lille, Reboux, 1860.*

1084. J. Leloup. — Examen critique du régime des fabriques-raffineries de sucre. *1 br. Arras, A. Courtin, 1869.*

1085. Mⁱˢ d'Havrincourt. — Question des sucres. Discours prononcé par le Mⁱˢ d'Havrincourt, député, dans la séance du 15 avril 1864. *1 br. Paris, Poupart-Davyl et Cⁱᵉ, 1864.*

1086. Henri Bernard. — La question des sucres. 7 août 1871. *1 br. Lille, Lefebvre-Ducrocq, 1871.*

1087. Henri Bernard. — La question des sucres. Lettre au Ministre de l'Agriculture et du Commerce. 10 janvier 1873. *1 br. Lille, Lefebvre-Ducrocq, 1873.*

1088. Henri Bernard. — La question des sucres en 1873. — Deuxième note. 20 février 1873. *1 br. Lille, Lefebvre-Ducrocq, 1873.*

1089. E. W. Field. — La question des sucres en 1873. Réponse à la deuxième note de M. Henri Bernard. 18 avril 1873. *1 br. Douai, L. Crépin, 1873.*

1090. Hipp. LEPLAY. — Analyse des mélasses et des matières sucrées au point de vue de la sucraterie et de la distillerie. De l'existence d'un sucre optiquement neutre et de ses dérivés dans la mélasse et dans les produits sucrés en cours de travail dans la fabrication et le raffinage des sucres. *1 br. Paris, P. Dubreuil, 1885.*

1098. Charles BIVORT. — Étude sur la législation des sucres dans les divers pays d'Europe et aux États-Unis. Note sur la question des sucres. Production, exportation et consommation de tous les pays. *1 vol. Paris, Imprimerie moderne, avril 1880.*

1116. René MONNEROT. — Note sur la surtaxe des sucres. *1 br. Paris, Sucrere indigène, 1886.*

1117. A. MASURIEZ. — La surtaxe sur les sucres étrangers devant le Parlement. *1 br. Paris, P. Dubreuil, 1885.*

1121. J.-B. MARIAGE. — Question des sucres. Le travail national et la surtaxe sur les sucres étrangers. *1 br. Paris, Sucrerie indigène, 1886.*

1122. A. MASURIEZ. — Lettre réponse à M. Féraud, vice-président de la Chambre de Commerce de Marseille, à propos de la surtaxe sur les sucres étrangers. 15 février 1886. *1 br. Paris, P. Dubreuil, 1886.*

1131. Hippolyte LEPLAY. — L'Intérêt du progrès dans la fabrication du sucre devant la Commission des sucres de la Chambre des Députés. *1 fasc. Paris, P. Dubreuil, 1886.*

1175. Hippolyte LEPLAY. — Un complot. Avertissement aux pouvoirs publics. *1 br. Paris, P. Dubreuil, 1885.*

TEXTILES.

15. Henri LOYER. — Recueil pour servir aux archives du Comité ou Chambre syndicale des filateurs de coton à Lille. *1 vol. Lille, Camille Robbe, 1873.*

76. ALCAN. — Communication sur les arts textiles. *1 fasc. Paris, Vieville et Capiomont, s. d.*

254. MINISTÈRE DU COMMERCE. — Enquête relative à l'importation en franchise temporaire des tissus de coton destinés à être réexportés après impression ou teinture. *1 vol. Paris, Imprimerie impériale, 1858.*

288. Léon DE ROSNY. — Traité de l'éducation des vers à soie au Japon. *1 vol. Paris, Imprimerie impériale, 1858.*

318. MALCAN. — Rapport sur le projet proposé par les Chambres de Commerce de Lyon, de Tarare, etc., pour modifier le système actuel de titrage des fils. *1 br. Paris, Imprimerie nationale, 1875.*

379. Henri LOYER. — L'abaissement des droits de douane et les admissions temporaires. (Assemblée générale des filateurs de coton du département du Nord. 19 février 1877). *1 fasc. Lille, Leleux, 1877.*

381. Natalis RONDOT. — L'enseignement nécessaire à l'industrie de la soie (écoles et musées). *1 vol. Lyon, Pitrat aîné, 1877.*

385. CHAMBRE DE COMMERCE DE LILLE. — Observations présentées à M. le Ministre du Commerce sur l'admission temporaire des filés. *1 fasc. Lille, Danel, 1877.*

530. Victor POUCHAIN. — Commission d'enquête parlementaire sur le régime économique des industries du lin, du chanvre et du jute. *1 br. Armentières, Cado-Petit, s. d.*

616. .... — Déposition de M. Charles Saint à la Commission d'enquête parlementaire concernant le lin, le chanvre et le jute. *1 br. Paris, A. Wittersheim, 1870.*

621. A. RENOUARD. — Rapport à l'Association française pour l'avancement des sciences au Congrès de Lille. 1874 sur les progrès de l'industrie des lins. *1 br. Lille, Danel, 1874.*

698. .... — Le lin en Portugal. *1 fasc. Lisbonne. Castro Irmao, 1878.*

716. A. Renouard. — La filature de lin, de chanvre et de jute et le tissage à propos des traités de commerce. *1 br. Paris, Paul Dupont, 1880.*

719. .... — Manuel anglo-français et belge à l'usage de la fabrique et du commerce des tissus de coton, lin, chanvre, laine, soie, poils, etc. *1 br. Paris, Renou et Maulde, 1864.*

826. Goncet de Mas. — Culture de la Ramie. *1 br. Paris, Masson. 1877.*

874. A. Drohojowska. — La soie, production et mise en œuvre. *1 br. Paris, Paul Dupont, s. d.*

987. Paul Francezon. — Notes pour servir à l'étude de la soie, suivies d'une étude sur les étouffoirs chimiques. *1 br. Lyon. Le Moniteur des soies, 1880.*

1003. Jus. — Les plantes textiles algériennes à l'Exposition de 1878. *1 vol. Paris, Challamel, 1878.*

1018. A. Renouard. — Les pays producteurs du coton. *1 br. Lille, Danel, 1885.*

1030 W. M'Ilwrath. — Linen : its Virtues and advantages, etc. *1 br. Belfast, 1871.*

1031. William Charley. — Flax and its products in Ireland. *1 vol. Londres, Bell et Daldy, 1862.*

1032. Benjamin Veret. — Le lin et sa culture. *1 br. Paris, Vᵛᵉ Bouchard-Huzard.*

1833. Bᵒⁿ Jean de Bray. — La Ramie, son origine et son nom historique. Sa culture, son rendement, ses avantages. *1 br. Alger, Ferrouillat, 1873.*

1034. Bᵒⁿ Jean de Bray. — La Ramie, plante textile supérieure au chanvre, au lin et au coton. Sa culture, son rendement, ses avantages. *1 br. Paris, Drouin, 1879.*

1035. Théophile Moerman. — La Ramie ou ortie blanche sans dards. Sa description, son origine, sa culture, etc. *1 br. Paris, Baudry, 1871.*

1036. A. Favier. — Nouvelle industrie de la Ramie. *1 br. Paris, E. Lacroix, 1881.*

1070. V. P. G. Demoor. — Traité de la culture du lin et des différents modes de rouissage. *1 br. Bruxelles, H. Carlier, 1855.*

1097. James Ward. — Flax ; its cultivation and préparation with practical suggestions for its improvement and best mode of conversion. *1 br. London, Fred. Warne et Cᵒ, s. d.*

1120. SCRIVE-LOYER.—A propos du lin, suivi d'une conférence sur la question du lin faite au congrès agricole du 22 mai 1886, à l'occasion du concours régional de Lille en 1886. *1 vol. Lille, Boldoduc. 1886.*

1132. F.-J. MAIZIER. — Un mot sur la culture du lin. *1 br. Paris, J. Bunel. 1884.*

1157. H. DANZER. — Aperçu sur l'importance croissante des industries textiles à l'étranger. Notes de voyage. *1 br. Lyon, A. Storch, 1883.*

1159. A. RENOUARD. — Note sur les crins végétaux. *1 br. Lille, Danel, 1883.*

1160. A. RENOUARD. — Note sur les principales maladies du lin. *1 br. Paris, E. Lacroix.*

1161. A RENOUARD. — Note sur le rouissage du lin. Législation hygiène. *1 br. Paris, E. Lacroix.*

1166. A. RENOUARD. — L'Abaca, l'Agave et le Phormium. *1 br. Lille, Danel, 1883.*

1167. A. RENOUARD. — Le lin en Angleterre. *1 br. Lille, Danel, 1880.*

1168. A. RENOUARD. — Étude sur la statistique comparée de la culture du lin et du chanvre dans le monde entier. *1 br. Paris. E. Lacroix, 1881.*

1169. A. RENOUARD. — Les Arts textiles. *1 vol. Paris, E. Lacroix, 1886.* (Bibliothèque industrielle).

1186. A. RENOUARD. — Note sur la culture du lin en Algérie. *1 br. 1879.*

1195. A. RENOUARD.— Les cables dits en aloés, de chanvre de Manille. *1 br.*

1197. H. KOELKENBECK. — Flax culture, for the seed and the fiber, in the United States. *1 br. Chicago, Hiram Sibley et C⁰. 1883.*

1198. F.-J. MAIZIER. — Le lin, textile national. Culture, rouissage, teillage ; la teilleuse-peigneuse Cardon. *1 vol. Bruxelles, L. Carpentier et Cⁱᵉ. 1886.*

1209. Théodore MÂREAU. — Rapport sur l'Industrie linière. *2 vol. Paris, Imprimerie Nationale, 1851 et 1859.*

1251. Michael ANDREWS.— Instructions for the culture and preparation of flax in Ireland. *1 br. Belfast, Henry Greer. 1868.*

ARTS MÉCANIQUES.

582. Ch. LABOULAYE. — Économie des Machines et des Manufactures, d'après l'ouvrage anglais de Ch. Barbage. *1 vol. Paris, Librairie du Dictionnaire des Arts et Manufactures, 1880.*

710. L. POILLON. — Essai sur les inventions en mécanique et sur leur exploitation commerciale. *1 br. Paris, Ch. Maréchal et J. Monthorier, 1881.*

882. Jos. DÉPIERRE. — Monographie des machines à laver employées dans le blanchîment, la teinture des fils, écheveaux, .chaînes, etc. *2 vol., texte et planches. Paris, Maréchal et Monthorier, 1884.*

B. — SCIENCES PURES.

MATHÉMATIQUES.

73. ARAGO, François.— Astronomie populaire. *4 vol. Paris, Gide, 1854.*

201. J. CLAUDEL. — Formules, tables et renseignements usuels, aide-mémoire des ingénieurs, architectes, etc. Partie théorique. *1 vol.* — Partie pratique. *2 vol. Paris, Cusset et Cie, 1872.*

203. H. SONNET. — Dictionnaire des mathématiques appliquées. *1 vol. Paris, Hachette et Cie, 1874.*

297. Ed. LAGOUT. — Tachymétrie, géométrie concrète en trois leçons. Cahier d'un soldat du génie. *1 vol. Paris, Claye, 1875.*

740. G. A. HIRN et O. HALLAUER. — Thermodynamique appliquée. — Réfutation d'une critique de A. G. Zeuner. *1 br. Paris, Gauthier-Villars, 1881.*

845. G. A. HIRN et O. HALLAUER. — Thermodynamique appliquée. — Réfutation d'une seconde critique de M. G. Zeuner. *1 br. Paris, Gauthier-Villars, 1883.*

852. F. MATHIAS. — Note sur le calcul des diamètres des cordes de transmission. *1 fasc. Lille, Danel.*

870. J.-B. BIOT. — Précis de l'histoire de l'astronomie planétaire écrit à l'occasion de la découverte de H. Le Verrier. *1 br. Paris, Imprimerie Royale, 1846.*

871. Olinde RODRIGUES. — Du développement des fonctions trigonométriques en produits de facteurs binômes. *1 fasc. Paris, De Bachelier, 1843.*

872. Olinde RODRIGUES. — Des lois géométriques qui régissent les déplacements d'un système solide dans l'espace, etc. *1 br. Paris, De Bachelier, 1843.*

1040. LAGOUT. — Conférence sur la tachymétrie. Congrès et conférence au palais du Trocadéro, 10 septembre 1878. *1 br. Paris, Imprimerie Nationale, 1869.*

PHYSIQUE ET CHIMIE.

97. Ad. Wurtz. — Dictionnaire de chimie pure et appliquée. *6 vol. et
5 br. Paris, Hachette et Cⁱᵉ , 1859 à 1886* (à suivre).

205. Henry Violette et Archambault. — Dictionnaire des analyses
chimiques. *2 vol. Paris, E. Lacroix 1860*

306
bis. Kulmann, Fréd. — Force cristallogénique. Extraits des comptes-
rendus de l'Académie des Sciences, séances des 3 octobre
1864, 26 décembre 1864, 15 et 29 mai 1865. *Paris, Gauthier-Villars.*

Kulmann, Fréd. — Sur les oxydes de fer et de manganèse et
certains sulfates considérés comme moyen de transport de
l'oxygène de l'air sur les matières combustibles. Extraits des
comptes-rendus de l'Académie des Sciences.
Extraits des comptes-rendus de l'Académie des Sciences,
séances des 16 août 1859, 26 septembre 1859 et 10 juin
1861. *Paris, Mallet-Bachelier.*

Kulmann, Fréd. — Mémoire sur les chaux hydrauliques, les pierres
artificielles et sur diverses applications nouvelles des silicates
alcalins solubles. Extraits des comptes-rendus de l'Académie
des Sciences, 25 juin, 6 août, 20 août 1855. *Paris,
Mallet-Bachelier.*

Kulmann, Fréd. — Sur les chaux hydrauliques et la formation des
roches par la voie humide. Extraits des comptes-rendus de
l'Académie des Sciences, 1857 et 1858. *Paris, Mallet-
Bachelier.*

420 et 515. Girard, Salet, Henninger, Fabst. — Agenda du chimiste,
1877 *2 vol.* et 1879 *1 vol. Paris, Hachette et Cⁱᵉ .*

537 à 540. Melsens. — Des paratonnerres à pointes, à conducteurs et à
raccordements terrestres multiples. *1 vol. et 2 fasc. Bruxelles.
Hayez, 1877.*

546. Jean de Mollins. — Recherches de l'acide ferrique. *1 br. Lausanne,
Ed. Allenspach, fils, 1872.*

547. Jean de Mollins. — De quelques réactions dans lesquelles le
chlorate de potassium joue le rôle de corps chlorurant.
1 fasc.

900. Aimé WITZ. — Thèses présentées à la Faculté des Sciences de Paris pour obtenir le grade de docteur ès-sciences physiques : 1° Essai sur l'effet thermique des parois d'une enceinte sur les gaz qu'elle renferme ;

2° Propositions données par la Faculté *1 br. Paris, Gauthier-Villars, 1878.*

902. Aimé WITZ. — Du pouvoir refroidissant de l'air aux pressions élevées. *2 br. Paris, Gauthier-Villars, 1879.*

903. Aimé WITZ. — L'électricité, ses progrès et son avenir. *1 fasc. Paris, Balitout, Questroy et Cie , 1882.*

904. Aimé WITZ. — Thermochimie et mécanique chimique. *1 fasc. Louvain, Ch. Peeters, 1878*

967. A. BÉCHAMP. — Mémoire sur les matières albuminoïdes. *1 vol. Paris, Imprimerie Nationale, 1884.*

HISTOIRE & GÉOGRAPHIE.

100. M.-N. BOUILLET. — Dictionnaire universel d'Histoire et de Géographie, continué par Chassang. *2 vol. Paris, Hachette et Cⁱᵉ , 1872.*

312. Elisée RECLUS. — Nouvelle géographie universelle. La terre et les hommes : Commencé en 1876. *10 vol. Paris, Hachette et Cⁱᵉ , (à suivre).*

392. RAILLARD. — Carte du département du Nord. *17 feuilles reliées. Commencée en 1874, terminée en 1876.*

418. Paul SOLEILLET. — L'Afrique occidentale. Algérie, Mzab, Tildi-kielt. *1 vol. Paris, Challamel aîné, 1877.*

438. CONGRÈS INTERNATIONAL DES AMÉRICANISTES. — Compte-rendu de la seconde session , Luxembourg , 1877. *2 vol. Paris , Maisonneuve, 1878.*

623. .... — Notices historiques et descriptives sur Mont-pellier. *1 vol. Hamelin, frères, 1879.*

810. Isidore HEDDE. — Géographie Chinoise et Française. *1 vol. Paris, P. Dupont, 1876.*

924. .... — Compte-rendu des travaux du Congrès national des sociétés françaises de géographie à Bordeaux en 1882. *1 vol. Bordeaux, G. Gounouilhou, 1882.*

934. MINISTÈRE DE LA MARINE ET DES COLONIES. — Sénégal et Niger. La France dans l'Afrique occidentale 1879-1883. *1 vol. Paris, Challamel aîné, 1884.*

1000. J.-L. DUTREUIL DE RHINS. — La Mission de Brazza dans l'ouest Africain. *1 br. Bordeaux, G. Gounouilhou, 1884.*

1042. MAMET. — Ethnographie de la Grèce. Le brigandage et le drame de Marathon en 1870. *1 br. Lille, Danel, 1885.*

1064 .... — Revue des questions historiques , 20ᵉ année , 76ᵉ livraison, octobre 1885. *Paris, Victor Palmé, 1885.*

1135. A. RENOUARD. — Les Iles Carolines. *1 br. Lille, Danel, 1885.*

1136. A. RENOUARD. — Les deux Bulgaries. *1 br. Lille, Danel, 1886.*

1162. Ch. JUNKER. — L'Alsace. *1.br. Lille, Danel, 1885.*

1163. Gustave LECOCQ. — Quelques mots sur les mobilisés de Lille. *1 br. Lille, Lefebvre-Ducrocq, 1872.*

BOTANIQUE.

209. CORINWINDER. — Recherches chimiques sur la végétation. De la soude dans les végétaux. *1 fas. Lille, Danel, 1874.*

223. CORINWINDER. — Études sur les feuilles des arbres pendant le cours de leur végétation. *1 br. Lille, Danel, 1874.*

226. CORINWINDER. — La respiration des végétaux. *1 fasc. Paris, Martinet, 1874.*

722. LEBOUR. — Catalogue des plantes fossiles de la collection de M. Hutton. *2 vol. Londres, Logmans et Cie. 1878.*

786. SOCIÉTÉ D'AGRICULTURE DE DOUAI. — Catalogue des plantes cultivées dans les serres de la Société en mars 1882. *1 br. Douai, Lucien Crépin, 1882.*

832. CORINWINDER. — Recherches sur l'assimilation du carbone par les feuilles des végétaux. *1 br. Lille, Danel, 1855.*

1200. QUARRÉ-REYBOURBON. — Causerie anecdotique sur les orchidées. *1 br. Lille, Danel, 1884.*

SCIENCES PURES.

MÉTÉOROLOGIE.

C. — SCIENCES APPLIQUÉES (Technologie).

ARTS MATHÉMATIQUES.

ARCHITECTURE & CONSTRUCTION.

523. L. POILLON. — Installation du service d'eaux municipal à Nyni-Nowgorod (Russie). *1 br. Paris, Ducher et Cie, 1879.*

537 à 540. MELSENS. — Des paratonnerres à pointes, à conducteurs et à raccordements terrestres multiples. *1 vol. et 2 fasc. Bruxelles, Hayez, 1877.*

559. Emile MOREAU. — Etude sur les travaux de la ville de Roubaix. Question des eaux. *1 br. Lille, A. Massart, 1874.*

647.

780. Ch. JOLY. — Note sur les serres du jardin botanique de Glascow. *1 fasc. Paris, Doudet, 1882.*

955. .... — Album de maçonnerie. *54 planches. Paris, Jailly.*

956. .... — Album de charpente. *20 planches. Paris, Jailly.*

957. .... — Album de menuiserie. *11 planches. Paris, Jailly.*

958. .... — Album de serrurerie. *14 planches. Paris, Jailly*

959. .... — Album de mécanique. *48 planches. Paris, Jailly.*

961. MINISTÈRE DE L'INSTRUCTION PUBLIQUE. — Albums de dessins coloriés. *30 planches. Paris, Hachette et Cie.*

963. G. BARDIN. — Album de dessin industriel. *3 parties. Paris, Lacroix, 1866.*

1049. EM. CACHEUX. — L'économiste pratique. Construction et organisation des crèches, salles d'asile, écoles, habitations ouvrières, hotels, bains, lavoirs, etc., etc. *1 vol. et 1 atlas. Paris, Baudry et Cie, 1885.*

NAVIGATION.

10. F. Mathias et Ch. Callon. — Etudes sur la navigation fluviale par la vapeur. *1 vol. Paris, Fournier et Cⁱᵉ , 1846.*

244. A Plocq. — Notice sur les travaux exécutés à Dunkerque en 1850 et 1851. *1 br. Paris, Dunod, 1867.*

245. A. Plocq. — Etude des courants et de la marche des alluvions. *1 br. Paris, Dunod, 1863.*

246. A. Plocq. — Notice hydrographique, géographique, historique, technique et statistique sur les ports de Gravelines et de Dunkerque. *1 vol. autographié, 1873-1874.*

332. Lavallez. — Rapports sur les sondages exécutés dans le Pas-de-Calais en 1875. *1 vol. Paris, Chaix et Cⁱᵉ , 1875.*

913. L Monteil. — Percement de l'isthme de Suez. *1 vol. texte et 1 atlas, Paris, Annales Iudustrielles.*

1203. Société d'études des Travaux français. — Avant-projet du Canal des deux Mers. Jonction maritime de l'Océan avec la Méditerranée. Mémoire à l'appui du projet. Mars 1884. *1 br. Paris, J. Cusset.*

1204. Société d'études des Travaux français. — Avant-projet du canal entre l'Océan et la Méditerranée. Réponses au questionnaire posé par la Commission d'examen de l'avant-projet. *1 br. Paris, J. Cusset, 1885.*

1205. Société d'études du Canal maritime de l'Océan a la Méditerranée. *1 br. Paris, A. Wittersheim et Cⁱᵉ, 1880.*

CHEMINS DE FER.

ARITHMÉTIQUE COMMERCIALE.

211. Ém. Pollet. — La Comptabilité discrète. *1 vol. Lille, Robbe, Camille, 1873.*

305. H. Cavalli. — Tableaux comparatifs des mesures, poids et monnaies modernes et anciennes. *1 vol. Paris, Paul Dupont, 1874.*

316. Courcelle-Seneuil. — Manuel des affaires ou Traité théorique et pratique des entreprises industrielles, commerciales et agricoles. *1 vol. Corbeil, Guillaumin et Cⁱᵉ, 1872.*

327. V. Tilmant. — Observations sur le langage mathématique et sur l'enseignement du calcul. *1 fasc. Lille, Camille Robbe, 1874.*

328. V. Tilmant. — Réforme analytique de la règle de trois ou règle d'or et notions d'analyse mathématique. *1 vol. Armand Colin, 1875.*

351. Hurbin-Lefebvre. — Changes et arbitrages. *1 vol. Lyon, Louis Perrin et Martinet, 1876.*

412. Em. Pollet. — La Comptabilité raisonnée et les principales lois du code de commerce. *1 vol. Lille, Vitez-Gérard, 1875.*

474. Wargnies-Hulot. — Cours de Comptabilité. *2 vol. et 4 cahiers d'application, Charleville.*

482. Ém. Pollet.—Exercices pratiques de tenue des livres. *2 br. Lille, Camille Robbe, 1878.*

696. .... — Le secret des inventaires. *1 fasc. Lille, Renaudin, 1875.*

943. Victor de Swarte. — Traité de la Comptabilité occulte et des gestions extra-reglementaires. *1 vol. Nancy, Berger-Levrault et Cⁱᵉ, 1884.*

MÉCANIQUE. — MACHINES A VAPEUR.

8. LELOUTRE, G. — Recherches expérimentales sur les machines à vapeur. Première partie. Machine à vapeur surchauffée de M. Hirn. (Rapport présenté à la Société industrielle de Mulhouse). *1 vol. Mulhouse, L. Bader, 1866.*

9. LELOUTRE, G. — Note sur une construction graphique servant à discuter des diverses conditions de la distribution dans les machines à vapeur. (Rapport présenté à la Société industrielle de Mulhouse.) *1 fasc. Mulhouse, Baret, 1864.*

307. O. HALLAUER. — Compression de la vapeur dans les espaces nuisibles des machines Woolf, son influence sur les consommations de vapeur. *1 fasc. Mulhouse, Vᵛᵉ Brader et Cⁱᵉ, 1875.*

308. O. HALLAUER. — Note sur les variations du vide ou contre-pression dans les cylindres des machines à vapeur. *1 fasc. Mulhouse, Vᵛᵉ Brader et Cⁱᵉ, 1875.*

393. L. POILLON. — Cours théorique et pratique des chaudières et machines à vapeur. *1 vol. Paris, J. Dejey et Cⁱᵉ, 1877.*

465. THIOLLIER et GUÉRAUD. — Étude sur les machines à vapeur au point de vue économique. Machines à vapeurs à tiroirs équilibrés. *1 br. Saint-Étienne, Théolier frères, 1878.*

651. Ern. PASQUIER — Étude sur les machines à vapeur principalement basée sur les expériences de MM. G. A. Hirn et O. Hallauer. *1 br. Bruxelles, 1880.*

740. G. A. HIRN et O. HALLAUER. — Thermodynamique appliquée. Réfutation d'une critique de M. G. Zeuner. *1 br. Paris Gauthier-Villars, 1881.*

844. G. LELOUTRE. — Recherches expérimentales et analytiques sur les machines à vapeur. Détermination de l'eau entraînée par une méthode thermométrique. *1 br. Nancy, Berger-Levrault et Cⁱᵉ, 1883.*

845. G. A. HIRN et O. HALLAUER. — Thermodynamique appliquée. Réfutation d'une seconde critique de M. G. Zeuner. *1 br. Paris, Gauthier-Villars, 1883.*

972. M. HIRSH. — Rapport présenté à la Commission centrale des

machines à vapeur sur les études et expériences relatives à l'eau surchauffée, *1 br. Paris, Marpon, 1884.*

975. G. LELOUTRE. — Recherches expérimentales et analytiques sur les machines à vapeur. Du degré d'exactitude des données d'observation d'un essai de machine à vapeur. Réponse à M. A. Hirn. *1 br. Paris, Bernard Tignol, 1884.*

1019. G. LELOUTRE. — Recherches expérimentales et analytiques sur les machines à vapeur. Vérification d'une série d'essais sur une machine de Woolf. *1 br. Paris, Bernard Pignol, 1885.*

MOTEURS DIVERS.

POMPES.

OUTILLAGE MÉCANIQUE.

265. J. A. BARRAL. — Rapport sur les machines à moissonner. *1 vol. Paris, Lahure, 1873.*

452. F. MATHIAS. — Note sur le calcul des diamètres des cônes de transmission. *1 fasc. Lille, Danel.*

555. GUST-LACOURT. — Notice sur le mouton automoteur à vapeur. *1 fasc. Rochefort, Triaud et Guy, 1878.*

593 F. MATHIAS. — Machine à percer et à tarauder sur place les trous d'entretoises des foyers de locomotives. *1 fasc. Lille. Danel.*

618. M. TRESCA — Etude sur la torsion. *1 fasc. Paris, E. Lacroix.*

970. A. BOUSSEMAER. — Les transmissions par cordes dans les imprimeries. *1 vol. Lille, Danel, 1884.*

971. Eug. DEJONG. — La mécanique pratique à la portée de l'ouvrier mécanicien. *1 vol. Nancy, Crépin-Leblond, 1885.*

978. SMITH ET COVENTRY. — Descriptions de machines à travailler les métaux. *3 br. Paris, A. Quantin, 1884.*

1046. PIERRON ET DEHAITRE. — Album illustré de machines et appareils avec notices explicatives pour le blanchissage mécanique du linge. *1 vol. Paris, E. Watelet, 1885.*

1178. MATHER ET PLATT. — Album des machines construites dans leurs ateliers. *1 vol. Manchester-Howe, 1886.*

1222. Louis DANEL. — Les presses mécaniques d'imprimerie anglaises et américaines. *1 vol. Lille, Danel, 1886.*

1255. DECAUVILLE aîné. — Catalogue illustré du « *Decauville* » chemin de fer portatif. *1 vol. Corbeil, Crété, 1886.*

INSTRUMENTS D'EXPÉRIENCE.

FILATURE.

217. A. RENOUARD. — Etudes sur le travail des lins (culture, rouissage, teillage, peignage et filature). *1 vol. Lille, Camille Robbe, 1874.*

232. A. MUSIN. — Titrage et numérotage métrique des fils. *1 vol. Roubaix, V. Béghin, 1874.*

317. A. MUSIN. — Observations sur le conditionnement hygrométrique des matières textiles. *1 vol. Roubaix, 1875.*

318. MINISTÈRE DE L'AGRICULTURE ET DU COMMERCE. — Projet proposé par les Chambres de commerce de Lyon, de Tarare, etc., pour modifier le système actuel de titrage des fils. *1 fasc. Paris, Imprimerie Nationale, Août 1875.*

352. MAGNIER, BRUNET, DUPLAY ET Cie. — Note sur les métiers à filer le lin, le chanvre, le phormium, etc. *1 fasc. Paris, Morris.*

366. A. MUSIN. — Tables graduées abrégeant les calculs du conditionnement hygrométrique des matières textiles. *1 vol. Lille, Danel, 1876.*

576. Paul FRANCEZON. — Etude chimique du cocon et des produits qui en dérivent en filature. *1 br. Lyon, Le Moniteur des soies. 1875.*

615. A. RENOUARD. — Etude sur le travail des lins (culture, rouissage, teillage, peignage et filature), troisième édition. *3 vol. Lille, Camille Robbe.*

634. A. RENOUARD. — Etudes sur le travail des lins, chanvres, jutes, etc., 4e édition. *7 vol. Lille, Camille Robbe* (les 4e et 5e vol. en collaboration avec M. Goguel, le 6e en collaboration avec MM. Goguel et Cornut).

675. Alf. MUSIN. — Nouvelle étude sur l'unification du numérotage des fils de toute nature. *1 vol. Roubaix, A. Lesquillon, fils, 1879.*

735. POUCHAIN ET LEHR. — Guide pratique de filature. *1 br. Pondichéry, 1880.*

1002. C. LEROUX. — Nouveau système de rouissage et de teillage du lin et du chanvre. *1 br. Abbeville, P. Briez, 1863.*

1022. A. RENOUARD. — Complément des études sur le travail des lins, chanvres, etc. Etudes sur la fabrication des cordes, cables, ficelles, filins, etc. *1 vol. Paris, E. Lacroix.*

1096. Joseph Hovell. — Essay on the disc and differential motions as applied to the Messrs Fairbairn, Kennedy, and Naylor's roving machines. *1 br. Londres, Marshall et C*^{ie}*, 1875.*

1104 .... — Procès-verbal du Congrès des filateurs de lin et d'étoupes tenu à Anvers le 15 septembre 1885. Présidence de M. Ed. Faucheur. *1 br. Lille, Verly, Dubar et C*^{ie}*, 1885.*

1134. A. Renouard. — Extraction des fibres de palmiers dans leurs pays de production. *1 br. Lille, Danel, 1885.*

1137. A. Renouard. — Etude sur le travail mécanique du peignage du lin dans les machines de construction française. *1 br. Lille, Danel, 1880.*

1176. A. Favier. — Séance d'expérimentation de la machine à décortiquer la ramie. *1 br. Avignon, Séguin frères, 1881.*

1181. Aug. Scrive. — Guide de l'ouvrier pour la filature de lin et de l'étoupe. *1 br. Lille, Bayart, 1865.*

1183 G. De Swarte. — Nouveau traité complet, théorique et pratique sur les chanvres et jutes et leurs étoupes. *1 vol. Dunkerque, Liénard.*

1184. R. Joubert. — Du mouvement différentiel dans les bancs à broches. *1 br. Angers, Lachèse, Belleuve et Dolbeau, 1886.*

1220. G. Risler. — Principes modernes de filature de coton. Express-Carde. *1 br. Paris, Génie Civil, 1886.*

1231. E. Saladin. — La Filature de coton ; numéros moyens et gros ; suivie du travail des déchets et cotons gras. *1 vol. Rouen, Léon Deshays, 1885.*

1250. Charles Leroux. — Traité pratique de la filature de laine peignée, cardée, peignée et cardée. *1 vol. Paris, E. Lacroix, 1873.*

1252. Léon Lhomme fils aîné. — Traité pratique du travail de la laine cardée. *1 vol. Paris, E. Lacroix, 1873.*

1260 P. Goguel. — Note sur le renvidage des mèches des bancs à broches et sur les appareils employés pour produire la vitesse variable qu'il exige. *1 br. Lille, Danel, 1881.*

1261. P. Goguel. — Tracé des excentriques pour bobinoirs ou métiers à filer continus. *1 br. Lille, Danel, 1883.*

1262. P. Goguel. — Théorie du cardage. *1 br. Lille, Danel, 1883.*

TISSAGE ET APPRÊTS.

95. GAND ET SÉE. — Traité de la coupe des velours de coton. *1 vol. Paris, E. Lacroix, 1866.*

219: Ed. GAND. — Cours de tissage. *3 vol. Amiens, Lemer-Jeunet, 1867, 1876 et 1879.*

224. Ch. VIOLETTE. — Epaillage chimique des tissus. *1 vol. Lille, Danel, 1873.*

455. Hipp. SORET. — Revue analytique des tissus anciens et modernes. *1 vol. Elbœuf, Levasseur, 1878.*

472. E. et P. SÉE. — Cabinet d'architecture industrielle. Projet exposé en 1878. *1 br. Lille, Leleux, 1878.*

479. C. GRIMONPREZ. — Tissage analysé. Théorie et pratique. *1 vol. et atlas. Saint-Quentin, Société anonyme du Glaneur, 1878.*

493. SCRIVE-LOYER. — Etude sur la fabrication des toiles à voiles. *1 br. Lille, Boldoduc, 1878.*

557. Ed. GAND. — Cours de tissage. *1 vol. et atlas. Manuscrit couronné, par la Société, 1875.*

699. Em. BUXTORF. — Notice sur les métiers à tricots et machines nouvelles figurant à l'exposition de 1878. *1 br. Paris Paul Dupont, 1878.*

846. E. SALADIN. — Eléments de tissage mécanique. *1 vol. Rouen, Léon Deshays, 1883.*

1046. P. PIERRON et DEHAITRE. — Album illustré de machines et appareils avec notices explicatives pour le blanchissage mécanique du linge. *1 vol. Paris, E. Wattelet, 1885.*

1158. Louise D'ALQ. — Traité de la dentelle au fuseau. *1 vol. Paris, F. Ebhardt, 1879.*

1263. P. GOGUEL. — Détermination pratique du nombre de croisures dans les tissus croisés, mérinos ou cachemires. *1 br. Lille, Danel, 1886.*

II. — ARTS PHYSIQUES.

CHAUFFAGE (production de la vapeur.)

13. J.-S. THORAIN. — Aide-mémoire du chauffeur-mécanicien. *1 vol. Lille, J. Lefort, 1873.*

64. Testud de BEAUREGARD. — Ecole des chauffeurs. Etude sur les explosions fulminantes des chaudières à vapeur. *1 vol. Paris, Turfin et Juvet.*

90. SOCIÉTÉ DE MULHOUSE. — Association pour prévenir les accidents de machines, fondée sous les auspices de la Société industrielle de Mulhouse. Comptes-rendus de 1867 à 1885, *11 vol. Mulhouse, Vᵛᵉ Bader et Cⁱᵉ , 1873.*

237. Lˢ DELAUNAY. — Comparaison entre les principaux types de chaudières à vapeur en usage dans l'industrie. *1 vol. Paris, Chaix et Cⁱᵉ , 1873.*

306 ᵗᵉʳ. KUHLMANN, F. -- De l'incrustation des chaudières à vapeur. Procédé nouveau pour empêcher l'adhérence des dépôts calcaires. *Lille, Danel.*

345. E. LESUEUR. — Mémoire présenté à l'Académie des Sciences sur l'emploi du zinc comme préservatif des incrustations à l'intérieur des chaudières à vapeur. *1 fasc. Angers L. Hudon, 1875.*

394. COMPAGNIE DU NORD. — Plans et photographies d'une explosion de chaudière de locomotive. *2 plans et 7 feuilles photographiées.*

429. CHAUDRÉ. — Indicateurs métalliques du niveau de l'eau dans les chaudières à vapeur. *1 br. Boulogne (Seine), Jules Boyer, 1877.*

460. .... — Comptes-rendus des séances des Congrès des Ingénieurs en chef des Associations de propriétaires d'appareils à vapeur, 1877 à 1881 (à suivre).

707. A. QUÉREL. — Relation entre le diagramme de la machine à vapeur et la pesée d'eau d'alimentation. *1 fasc. Paris, Capiomont et Renauld, 1879.*

972. M. Hirsh. — Rapport présenté à la Commission centrale des machines à vapeur sur les études et expériences relatives à l'eau surchauffée. *1 br. Paris, Marpon, 1884.*

1100. De Swarte. — Mémoire sur la soupape Barbe et l'appareil de sûreté Delsart, contre les explosions des chaudières à vapeur.

1109. Pinel. — Réponse au mémoire de M. De Swarte sur la soupape Barbe. *1 br. Septembre 1885.*

1223. De Swarte. — Réplique à la lecture faite par M. Pinel contre la soupape Barbe, le 28 décembre 1885. *1 br. Mars 1886.*

1265. Peslin. — Résumé de son rapport relatif à la soupape Barbe. 26 octobre 1885. *1 fasc. Paris, E. Bernard et Cie 1885.*

CHAUFFAGE DOMESTIQUE & VENTILATION.

516. Ch. JOLY. — Traité pratique du chauffage, de la ventilation et de la distribution des eaux dans les habitations particulières. *1 vol. Paris, Lahure, 1873.*

519. Ch. JOLY. — Note sur le foyer à étages de M. Michel Perret. *1 fasc. Paris, E. Donnaud, 1878.*

520. Ch. JOLY. — Note sur la ventilation des salons. *1 fasc. Paris, A. Michels.*

521. Ch. JOLY. — De la ventilation des théâtres. *1 fasc. Paris, A. Michels, 1876.*

1063. Ed. MELON. — Note sur la ventilation des ateliers industriels au moyen de l'aérophore. *1 br. Paris, Société anonyme des publications périodiques, 1885.*

CHAUFFAGE INDUSTRIEL.

N°ˢ d'entrée.

65. CHARPENTIER, Paul. — Economie du combustible fondée sur l'application à tous les foyers du chauffage au gaz économique. *1. vol. Paris, Eug. Lacroix, 1872.*

243. Sylvain PÉRISSÉ. — Note sur le four à gaz avec récupérateur de chaleur, système Ponsard. *1 vol. Paris, Vieville et Capiomont, 1874.*

324 et 333. SOCIÉTÉ INDUSTRIELLE DE MULHOUSE. — Etudes sur la combustion de la houille et sur le rendement de chaudières à vapeur. *1 vol. et 1 atlas. Mulhouse, Vᵛᵉ Bader et Cⁱᵉ, 1875.*

337. Sylvain PÉRISSÉ. — Sur la température des fours à gaz. *1 fasc. Liège, J. Desoer, 1875.*

350. SOCIÉTÉ INDUSTRIELLE DE SAINT-QUENTIN. — Rapport sur l'emploi des houilles maigres et leur combustion à l'aide des souffleries. *1 fasc. Saint-Quentin, Jules Moureau, 1876.*

374. Lucien FOUQUE. — Appareil économique et fumivore pour générateurs. *1 fasc. Paris, Association ouvrière.*

408. Hᵒʳ MOUQUET. — Description des nouveaux appareils thermosiphones ou chauffage par circulation d'eau chaude des serres, jardins d'hiver, habitations, etc. *1 br. Lille, Béhague, 1877.*

604. FICHET et PÉRISSÉ. — Mémoire sur les procédés et applications du chauffage par gazogènes. *1 br. Paris, Imprimerie Nationale, 1880.*

878. BELLEVILLE. — Note sur l'emploi des chaudières pour l'utilisation des chaleurs perdues des fours, notamment dans l'industrie métallurgique. *1 br. Paris, Chaix, 1883.*

905. Aimé WITZ. — Des foyers industriels. Conférences de physique appliquée. *1 br. Lille, Ducoulombier, 1879.*

906. Aimé WITZ. — De l'économie du combustible par les générateurs à vapeur. *1 br. Lille, Ducoulombier, 1880.*

ÉCLAIRAGE.

ÉLECTRICITÉ.

DIVERS.

III. — ARTS CHIMIQUES.

COULEURS & TEINTURE.

231. F. GOUILLON. — Méthode pratique d'impression des tissus en couleurs mates, dorées, argentées, bronzées, veloutées et perlées. *1 vol. Paris, Turpin et Juvet, 1874.*

306
ter. F. KUHLMANN. — Analyse chimique de la racine de garance (rubia tinctorum). *Paris, Feugueray.*

306
bis. F. KUHLMANN. — Études théoriques et pratiques sur la fixation des couleurs dans la teinture. *Paris, Mallet-Bachelier, 1856.*

Dᵒ F. KUHLMANN. — Études théoriques et pratiques sur les impressions, les apprets et la peinture. *Paris, Mallet-Bachelier, 1857.*

Dᵒ F. KUHLMANN. — Mémoire sur une nouvelle couleur bleue préparée avec l'huile de coton. *Paris, Mallet-Bachelier, 1861.*

476. J. GIRARDIN. — Emploi des matières tinctoriales et extraction de l'indigo chez les anciens orientaux, *1 fasc. Rouen, J. Lecerf.*

477. J. CLOUET et DÉPIERRE. — Dictionnaire bibliographique de la garance. *1 vol. Paris, E. Lacroix, 1879.*

478. Jos. DÉPIERRE. — Traité du fixage des couleurs par la vapeur. *1 vol. Paris, Eug. Lacroix, 1879.*

500. Théodore CHATEAU. — Étude historique et chimique pour servir à l'histoire de la fabrication du rouge turc ou d'Andrinople. *1 vol. Paris, Renou, Maulde et Cock, 1876.*

686. A. LETOREY. — Tentures artistiques. *1 vol. Paris, 1881.*

691. J. GOPPELSRŒDER. — Premiers résultats des études sur la formation des matières colorantes par voie électro-chimique. *1 br. Mulhouse, Vᵛᵉ Bader et Cⁱᵉ, 1881.*

856. Jules JOFFRE. — Note sur une nouvelle méthode pour reconnaître les matières colorantes fixées sur les fils et tissus. *1 br. Paris, Renou, Maulde et Cock, 1882.*

875. C. BATIFOIS. — Manuel du teinturier-dégraisseur. *1 vol. Paris, E. Watelet, 1883.*

947. A. ROSENTHIEL. — Les premiers éléments de la science de la couleur. *1 vol. Rouen, Léon Deshays, 1884.*

PRODUITS CHIMIQUES & MÉTALLURGIQUES.

228. A. LAMY. — La grande industrie chimique à l'Exposition universelle de Vienne en 1873. *1 fasc. Paris, Vᵛᵉ Bouchard-Huzard.*

306 et 306 — Fréd. KUHLMANN. — Mémoires et rapports divers.
bis. **ter** *2 volumes.*

414. Fréd. KUHLMANN. — Recherches scientifiques et publications diverses. *1 vol. Victor Masson, 1877.*

416. A. LAMY. — Rapport sur les procédés de régénération du bioxyde de manganèse dans la fabrication du chlore. *1 fasc. Paris. Jules Tremblay, 1877.*

660. J. ORTHIEB et MULLER. — Note sur la partie théorique de la fabrication des carbonates de potasse et de soude par la transformation directe des chlores correspondants. *1 br. Paris, Octave Doin, 1880.*

787. Ch. DE FRANCE. — Études sur l'extraction par voie humide du cuivre, de l'argent et de l'or. *1 vol. Bruxelles, Decq et Duhent, 1882.*

920. L. FAUCHER. — Note sur l'extraction du salpêtre des sels d'exosmose des fabriques de sucre. *1 fasc. Paris, Gauthier-Villars, 1883.*

1074. P. MOUILLERET. — Guérison et conservation des vignes françaises. Instructions théoriques et pratiques pour l'application du sulfocarbonate de potassium aux vignes phylloxérées par le système mécanique et les procédés de P. Mouilleret et F. Humbert. *1 br. Paris, Société nationale contre le phylloxera, 1882.*

SUCRES.

78. ADLER, Jos. — La diffusion et la fabrication du sucre. *1 fasc. Lille, Danel, 1850.*

98. Charles STAMMER. — Traité complet, théorique et pratique de la fabrication du sucre. Guide du fabricant. *1 vol. Paris, Eug. Lacroix.*

330. E. TORREL. — Cours de sucrerie professé par M. Vivien. Année 1872. *1 vol. Saint-Quentin, Jules Moureau, 1872.*

414. F. KUHLMANN. — Note sur la fabrication du sucre de betteraves, 1833.

Sur l'emploi de la chaux dans la défécation du jus de betteraves, 1838.

De l'industrie du sucre de fécule, 1841.

Quelques expériences sur la fabrication du sucre. Emploi du phosphate d'ammoniaque, 1850.

575. F. LEURS. — Guide pratique des fabricants de sucre. *1 vol. en double. Lille, Danel, 1879.*

695. PELLET et LAVANDIER. — Influence de l'acide phosphorique sur la formation du sucre dans la betterave. *1 fasc. Compiègne, Henri Lefebvre, 1881.*

889. A. PAGNOUL. — Recherches relatives à la composition de la betterave aux différentes époques de sa végétation. *1 br. Compiègne, Henri Lefebvre, 1883.*

909. Hipp. LEPLAY. — Détermination de la valeur des mélasses en distillerie à l'occasion du projet de marché de mélasse entre les fabricants de sucre et les distillateurs. *1 br. Compiègne, Henri Lefebvre, 1884.*

915. Hipp. LEPLAY. — Chimie théorique et pratique des industries du sucre. *1 vol. Paris, L. Baudoin et Cie, 1883.*

917. Hipp. LEPLAY. — L'osmose et l'osmogène Dubrunfaut dans la fabrication et le raffinage des sucres. *1 vol. Paris, P. Dubreuil, 1883.*

1041. Henry GROSJEAN. — Rapport sur l'extraction du sucre de sorgho sucré aux États-Unis en 1884. *1 br. Paris, Imprimerie nationale, 1885.*

1044. Hippolyte LEPLAY. — Études chimiques sur la betterave à sucre. 1882-1885. *1 br. Compiègne, Association des Chimistes, 1885.*

1154. VALLET-ROGEZ. — La betterave riche, ses avantages et les moyens de la reproduire. *1 br. Lille, Castiaux, 1884.*

1215. A. DROHOJOWSKA.— Les grandes industries de la France. Le sucre. Le sucre de canne. Sucre de betterave. *1 vol. Paris, Paul Dupont 1885.*

1228. Hipp. LEPLAY. — L'impôt sur le sucre considéré au point de vue des progrès à réaliser dans la fabrication du sucre. *1 vol. Paris, P. Dubreuil, 1886.*

1237. COMITÉ CENTRAL DES FABRICANTS DE SUCRE DE FRANCE. — Production de la betterave riche. Guide pratique du cultivateur. *1 br. Paris, P. Dubreuil 1884.*

1238 COMITÉ CENTRAL DES FABRICANTS DE SUCRE DE FRANCE. — Sucrage des vendanges. Guide pratique des vignerons. *1 br. Paris, P. Dubreuil, 1883.*

AGRICULTURE & PRODUITS AGRICOLES.

63. J. LIEBIG. — De la pratique et de la théorie en agriculture. *1 vol.
Lille, Danel, 1857.*

92. FAREZ. — Rapport sur les engrais chimiques. *1 fasc. Douai, Crépin.*

208. CORENWINDER. — Expériences sur la culture de betterave avec les
engrais chimiques. *1 fasc. Lille, Castiaux, 1874.*

212. TRIPIER-DURIEUX. — Rapport sur le rendement du blé dit d'Australie.
1 fasc. Lille, E. Castiaux, 1874.

214, 215. CORENWINDER. — Bulletins des analyses effectuées pour l'agriculture. *2 fasc. Lille, E. Castiaux, 1873.*

220. CORENWINDER. — Comice agricole départemental et annuel, tenu à
Hazebrouck en 1880. Rapport sur la candidature de
M. Deleporte-Bayart. *1 br. Lille, Danel, 1880.*

264. PAYEN. — Rapports sur le rouissage du lin, le drainage, la nouvelle
exploitation de la tourbe, la fabrication et l'emploi des
engrais artificiels et commerciaux. *1 vol. Paris, Imprimerie
Nationale, 1850.*

265. J.-A. BARRAL. — Rapport sur les machines à moissonner. *1 vol.
Paris, Lahure, 1873.*

287. Jules GUYOT. — Etude des vignobles de France pour servir à
l'enseignement mutuel de la viticulture et de la vinification
françaises. *3 vol. Paris, Masson et fils, 1868.*

289. Em. BAUDRIMONT. — Les races bovines au concours universel
agricole de Paris en 1856. *2 vol. 1 texte et 1 album. Paris,
Imprimerie Impériale, 1862.*

292. Ad. ROBIERRE. — Notions sur l'achat et l'emploi des engrais commerciaux. *1 vol. Simon Raçon, Paris, 1869.*

306
ter.   F. KUHLMANN. — Expériences chimiques et agronomiques. *1 vol.
Paris, Victor Masson, 1847.*

F. KUHLMANN. — Expériences sur la fertilisation des terres par les
sels ammoniacaux, les nitrates et autres composés azotés.
Lille, Danel, 1843.

F. KULMANN. — Expériences concernant la théorie des engrais.
Lille, Danel, 1846.

314. .... — Mémoires publiés par la Société centrale d'agriculture de France, année 1873. *1 vol. Paris, Vve Bouchard-Huzard, 1875.*

481. DELEPORTE-BAYART. — La taxe, la marque et l'étiquetage de la viande de boucherie, la désignation absurde du sexe des animaux dont provient la viande, et la loi du 19-22 juillet 1791. *1 br. Roubaix, Villette, 1878.*

493. 494. 496. A. DEROME. — Notice descriptive des études comparatives faites depuis 1869 dans la culture et guide d'assolement et observations agricoles. *2 br. et 1 atlas. Lille, Leleux, 1878.*

522. J.-B. MARIAGE. — Monographie de la chicorée-café. *1 fasc. Valenciennes, Louis Henry, 1879.*

564. P. DEHÉRAIN. — Culture du champ d'expérience de la station de Grignon. *1 fasc. Paris, Em. Martinet, 1879.*

609. GASSEND et PELLET. — Conférences faites à la réunion des cultivateurs-fournisseurs de la sucrerie de Nangis. *1 br. Clermont, A. Daix.*

786. SOCIÉTÉ D'AGRICULTURE DE DOUAI. — Catalogue des plantes cultivées dans les serres de la Société. *1 br. Douai, Lucien Crépin, 1882.*

826. GONCET DE MAS. — Culture de la Ramie. *1 br. Paris, Masson, 1877.*

829. H. LECQ. — Le Soya hispida. *1 fasc. Lille, Leleux, 1881.*

840. C. VIOLETTE. — Rapport de la Commission chargée d'examiner une culture de betteraves chez M. J. Desprez, à Capelle (Nord). *1 br. Lille, Leleux, 1882.*

865. H. PELLET. — La drèche, les vaches phtisiques et le lait. *1 br. Paris, E. Bernard et Cie, 1883.*

989. E. DE CARPENTIER. — Plantation des terrains crayeux de la Champagne et des Marais du Nord de la France. *1 br. Paris, Plon et Cie, 1881.*

991. C.-F. FASQUELLE. — Achats des engrais complémentaires du Commerce et de l'Industrie. *1 br. Meaux, Destouches, 1883.*

992. DEROME. — Culture de la betterave à sucre. Résumé des moyens pratiques qui concourent à élever tout à la fois le rendement en poids et en sucre au maximum de production. *1 br. Lille, Leleux, 1881.*

993. RICHARD. — L'agriculture et les haras dans leurs rapports avec la puissance militaire de la France et sa richesse agricole. *1 br. Paris, L Baudoin et Cie, 1881.*

994. CLARE READ et Albert PELL. — La culture, la production et le commerce agricoles aux Etats-Unis d'Amérique. *1 br. Paris, Société des Agriculteurs, 1881.*

997. Hipp. LECQ. — L'exploitation agricole de la trappe de Staouéli (Algérie). *1 br. Alger, Adolphe Jourdan, 1882.*

1008. Henry GROSJEAN. — Note sur l'appareil à éclosion pour poissons de M. le colonel Donald. *1 br Paris, Imprimerie Nationale, 1884.*

1009. SOCIÉTÉ DES AGRICULTEURS DU NORD. — Conseils à suivre pour l'amélioration de la culture. de la betterave à sucre. *1 br. Lille, Verly, Dubar et Cie, 1884.*

1039. M. PROUVÉ. — Les repeuplements artificiels dans les forêts d'Arques et d'Eawy. *1 br. Paris, Revue des Eaux et Forêts, 1884.*

1171. A. PAGNOUL. — Compte-rendu des expériences faites sur la culture de la betterave par M. Delisse dans le canton de Béthune en 1885. *Paris, Sucrerie-Indigène, 1886.*

1185. A. DESSORT. — Notice sur la culture des graminées propres à faire des prairies et pâtures, et de la culture et de la maladie de la pomme de terre. *1 br. Cambrai, J. Renaut.*

1189. PENSIONNAT JACQMART A CAMBRAI. — Etude agricole de 1883. La ferme de Fontaine-au-Tertre. *1 br. Lille, Camille Robbe, 1884.*

1190. PENSIONNAT JACQMART A CAMBRAI. — Etude agricole de 1884. La ferme de la Chapelle, à Carnières. *1 br. Cambrai, Régnier-Farez, 1885.*

1192. DAMIEN. — Communication sur les pluies tombées en 1884 dans le département du Nord. *1 br. Lille, Danel, 1885.*

1202. QUARRÉ-REYBOURBON. — L'horticulture au centre de la France et visite à la propriété de M. Mame, de Tours. *1 br. Lille, Danel, 1884.*

1218. L'art d'élever les chèvres suivi de la fabrication des fromages, par un habitant du Mont-d'Or. *1 br. Paris, Le Bailly.*

1221. Henry GROSJEAN. — Rapport sur les travaux de la Commission piscicoles des États-Unis. *1 br. Paris, Imprimerie Nationale, 1885.*

1234. F. Vittu. — La phthisie pulmonaire (tuberculose) et l'agriculture
    1 br. Lille, Camille Robbe, 1884.

1236. Prouvé. — Outils pour semis et plantations. *1 br. Paris, A. Hen-
    nuyer, 1880.*

1246. Léonce de Lambertye. — Conseils sur les semis de graines de
    légumes. *1 br. Paris, Aug^{te} Coin, 1867.*

1247. Concours international de fromages au Palais de l'Industrie, 1866.
    Rapport au Ministre de l'Agriculture, du Commerce et des
    Travaux publics. *1 br. Paris, Imprimerie Impériale, 1867.*

1248. Ch.-Ern. Schmitt. — Le beurre et ses falsifications. *1 br. Lille,
    Castiaux, 1886.*

QUESTIONS DIVERSES.

422. A. ZOLTRAIN. — Le tamage des peaux. Procédés actuellement employés (tannin) ; nouveau procédé de Charles Pavesi (Perchlorure de fer), *1. fasc. Paris, V.-A. Delahaye et Cⁱᵉ , 1877.*

674. A. RENOUARD. — De la conservation des substances alimentaires par l'acide salicylique. *1 br. Lille, Leleux, 1881.*

700. Aimé GIRARD. — Etude micrographique de la fabrication du papier. *1 fasc.*

732. L. NAUDIN. — Désinfection des alcools mauvais goût par l'électrolyse des flegmes. *1 br. Paris, Gauthier-Villars, 1881.*

930. GAILLET et HUET. — Etude sur les eaux industrielles et leur épuration. *1 vol. Lille, Danel, 1884.*

1007. H. FAUVEAU. — Pétition adressée au Ministre des Finances par les distillateurs de mélasses pour obtenir une modification de l'article 9 du décret du 31 juillet 1884. *1 br. Saint-Quentin, Ch. Poette, 1884.*

1066. Paul HALLEZ. — Sur un nouveau Rhizopode (Arcuothrix Balbianii, nov. gen. nov. sp.) *1 br. Lille, Danel, 1885.*

1133. Paul GAILLET. — Epuration des eaux de vidange des fabriques avec utilisation des résidus. *1 br. Lille, Danel, 1886.*

DOCIMASIE.

205. J. VIOLETTE et P. ARCHAMBAULT. — Dictionnaire des analyses chimiques ou répertoire alphabétique des analyses de tous les corps naturels et artificiels depuis l'origine de la chimie jusqu'à nos jours. *2 vol. Paris, E. Lacroix, 1860.*

548. J. de MOLLINS. — Modification apportée à l'appareil de Mohr pour le dosage de l'ammoniaque. *1 fasc. 1878.*

693. H. PELLET. — Analyse des vins. Dosage de l'acide salicylique dans les substances alimentaires. Examen d'un rapport de M. Ch. Girard au Comité d'Hygiène. *1 br. Paris, Imprimerie de l'École Centrale, 1881.*

709. H. PELLET et J. de GROBERT. — Dosage de l'acide salicylique dans les substances alimentaires. *1 br. Bruxelles, Moniteur Industriel, 1881.*

BRASSERIE.

MEUNERIE.

IV.— ARTS DE LA GÉOLOGIE & DE LA MINÉRALOGIE.

MINES ET CARRIÈRES.

303. Oscar LOISEAU. — Rapport présenté à la Société des minerais de France sur la mine de cuivre argentifère de La Prugne (Allier). *1 vol. Liège, J. Desar, 1875.*

386. Aug^te SCRIVE. — Communication sur le gisement du cuivre argentifère des mines de la Prugne et Charrier (Allier). *1 vol. Lille, Danel, 1875.*

420. E. VUILLEMIN. — Les mines de houille d'Aniche. *1 vol. et 1 atlas. Paris, Dunod, 1878.*

489. Alf. EVRARD. — Traité pratique de l'exploitation des mines. *2 vol. (1 texte et 1 atlas). Paris, Lahure, 1878.*

503. CANELLE. — Carte minéralogique du Nord. *Lille, Vᵛᵉ Leroy.*

669. DOLFUS-AUSSET. — Matériaux pour l'étude des glaciers. *16 vol. et atlas, 1863 à 1870, Strasbourg, G. Silbermann, et Paris, Savy.*

681. A. PAGNOUL. — Étude sur les différentes eaux du Pas-de-Calais avec la description de la méthode d'analyse employée. *1 br. Arras, Desède et Cⁱᵉ, 1881.*

825. H. LECQ. — Le domaine des sources d'Oued-el-Halley (Algérie). *1 br. Alger, Lavagne, 1882.*

835. Alfred ÉVRARD. — Les moyens de transport appliqués dans les mines, les usines et les travaux publics. Organisation et matériel. *2 vol. et 1 atlas. Paris, J. Baudry.*

891. E. CHAVATTE. — Creusement du puits de Quiévrechain. *1 br Saint-Étienne, Théolier et Cⁱᵉ, 1882.*

950. H. DEROUX. — Les câbles de mines. *1 br. Paris, J. Kugelmann, 1884.*

983. F. VUILLEMIN. — Le Bassin houiller du Pas-de-Calais. Histoire de la recherche de la découverte et de l'exploitation de la houille dans ce nouveau bassin. *3 vol. Lille, Danel, 1880 et 1883.*

1051. HATON DE LA GOUPILLIÈRE. — Rapport de la Commission chargée de l'étude des moyens propres à prévenir les explosions dans les houillères. *1 vol. Paris, Dunod, 1880.*

1054. Émile DELECROIX. — Note sur la proposition de loi des délégués mineurs. *1 br. Saint-Étienne, Théolier et Cⁱᵉ, 1885.*

1069. .... — Catalogue of the minerals, ores, rocks and fossils or the pacific coast exhibition at the Paris Exposition of 1878. *1 vol. San Francisco, Édouard Bosqui et Cⁱᵉ, 1878.*

1118. Ludovic BRETON. — Étude sur la formation de la houille du bassin franco-belge (théorie nouvelle). *1 vol. Paris, Savy, 1885.*

1193. Charles BARROIS. — Sur les tremblements de terre de l'Andalousie. *1 br. Lille, Danel, 1885.*

1224. L. DESAILLY. — Indicateur de dépression pour l'aérage des mines. *1 br. Mons, Hector Manceaux, 1886.*

V. — ARTS DIVERS.

MÉDECINE. — HYGIÈNE. — PHYSIOLOGIE ANIMALE.

Nᵒˢ
d'entrée.

271. DE FREYCINET, Chˢ. — Rapport sur l'assainissement des fabriques ou des procédés d'industries insalubres en Angleterre. *1 vol. Paris, E. Thunot et Cⁱᵉ , 1864.*

272. DE FREYCINET, Chˢ. — Rapport sur l'assainissement industriel et municipal dans la Belgique et la Prusse rhénane. *1 vol. Paris, E. Thunot et Cⁱᵉ , 1865.*

340. PILAT. — Rapport sur les travaux du Conseil central de salubrité et des Conseils d'arrondissement du département du Nord pendant l'année 1874. *1 vol. Lille, Danel, 1875.*

423. Placide COULY. — Organisation des secours publics à Paris. *1 br. Paris, V. A. Delahaye et Cⁱᵉ , 1877.*

424. DE PIETRA SANTA. — Conférence sur la Société française d'hygiène, sa raison d'être, son but et son avenir. *1 br. Paris, A. Parent, 1877.*

430. HOUZÉ DE L'AULNOIT. — Étude physiologique et expérimentale sur l'asphyxie par submersion et sur les avantages de l'emploi de la sonde œsophagienne dans le traitement des noyés. *1 br. Lille, Danel, 1878.*

558. J. ARNOULD. — Extrait du dictionnaire encyclopédique des sciences médicales, art. France : Climatologie. *1 br. Paris, Masson.*

509. J. ARNOULD. — Conditions de salubrité des ateliers de gazage dans les filatures de coton. *1 fasc. Paris, J. B. Baillière et fils, 1879.*

517-518. Ch. JOLY. — De l'épuration des eaux d'égouts. *2 fasc. Paris, A. Michels, 1877.*

545. J. DE MOLLINS. — Mémoire sur l'épuration chimique des eaux d'égout de Roubaix. *1 fasc. Roubaix, A. Villette, 1879.*

648. J. Arnould. — Extrait du Dictionnaire encyclopédique des sciences médicales. Art. France : Pathologie. *1 vol. Paris, A. Lahure.*

705. Pilat. — Rapport sur les travaux du Conseil central de salubrité et des Conseils d'arrondissement du département du Nord pendant l'année 1880. *1 vol. Lille, Danel, 1881.*

736. T. Bécour. — Étude bibliographique et clinique des injections intra-utérines. *1 br. Lille, Robbe, 1881.*

737. T. Bécour. — Rapport général sur les travaux de la Commission d'assainissement des logements insalubres pendant l'année 1880. *1 br. Lille, Castiaux, 1881.*

750. .... — Bulletin de la Société pour la propagation de la crémation. 1re année. N° 1. *Paris, Chaix, 1882.*

771. Chamberland. — Rôle des microbes dans la production des maladies. *1 br. Paris, Gauthier-Villars, 1882.*

847. Pilat. — Rapport sur les travaux du Conseil central de salubrité et des Conseils d'arrondissement du département du Nord pendant l'année 1881. *1 vol. Lille, Danel, 1882.*

854. J. A. Fresco. — Contribution à l'étude de l'atonie nerveuse et de l'atrophie musculaire. *1 br. Paris, Parent, 1883.*

862. A. Béchamp. — Les microzymas dans leurs rapports avec l'hétérogénie, l'histogénie, la physiologie et la pathologie. *1 vol. Lille, J. Lefort, 1883.*

883. J. Arnould. — Rapport sur les travaux du Conseil central de salubrité et des Conseils d'arrondissement du département du Nord pendant l'année 1882. *1 vol. Lille, Danel, 1883.*

890. Em. Blaise et Henri Napias. — Note sur les poussières industrielles ; modifications à apporter à la législation en matière d'hygiène industrielle. *1 br. Paris, Paul Dupont, 1883.*

952. J. Moisy. — Les lavoirs de Paris. *1 br. Paris, E. Watelet, 1884.*

948. J. Arnould. — Rapport sur les travaux du Conseil central de salubrité et des Conseils d'arrondissement du département du Nord pendant l'année 1883. *1 vol. Lille, L. Danel, 1884.*

999. Fr. Guermonprez. — Étude sur les plaies des ouvriers en bois. *1 br. Lille, Bergès, 1883.*

1004. Fr. Guermonprez. — Étude sur les plaies déterminées par les peignes de filature. *1 br. Paris, Baillière et fils, 1883.*

1005. Fr. Guermonprez. — Arrachements dans les établissements industriels. *1 br. Bruxelles, A. Manceaux, 1884.*

1010. E. Leroux. — Comité des accidents de fabrique. Rapport sur les accidents dans les filatures de coton et de laine. Précautions à prendre pour les éviter. *1 br. Paris, A. Chaix et Cⁱᵉ, 1876.*

1011. Gaston Percheron. — Les maladies contagieuses des animaux et l'acide salicylique, suivi d'une notice sur les applications de l'acide salicylique aux usages domestiques, par Schlumber- *1 br. Paris, A. Clavel, 1881.*

1024. Émile Cacheux. — État, en l'an 1885, des habitations ouvrières parisiennes. *1 br. Laval, E. Jamin, 1885.*

1060. J. Arnould. — Rapport sur les travaux du Conseil central de salubrité et des Conseils d'arrondissement du département du Nord pendant l'année 1884. *1 vol. Lille, Danel, 1885.*

1071. Fr. Guermonprez. — Le crin de Florence et sa valeur thérapeutique. *1 br. Paris, Octave Doin, 1885.*

1072. Fr. Guermonprez. — Corps étrangers spéciaux aux ouvriers de la métallurgie. *1 br. Paris, J. B. Baillière et fils, 1883.*

1073. Fr. Guermonprez. — Arrachements dans les établissements industriels. *1 br. Lille, L. Quarré, 1884.*

1107. Pierron et Fᵈ Dehaitre. — Étuves de désinfection. Désinfection générale, appareils divers ; désinfection de l'eau. *1 br. Paris, Watelet, 1885.*

1110. A. Mille. — Assainissement des villes par l'eau, les égoûts, les irrigations. *1 vol. Paris, Vᵛᵉ Ch. Dunod, 1886.*

1126. Paul Hallez. — Pourquoi nous ressemblons à nos pères. *1 br. Paris, Octave Doin, 1886.*

1128. Paul Hallez. — Recherches sur l'embryogénie et sur les conditions du développement de quelques nématodes. *1 br. Paris, Octave Doin, 1885.*

1138. Fr. Guermonprez. — La ladrerie chez l'homme. Revue critique *1 br. Paris, H. Lauweyrens, 1883.*

1139. A. Faucon. — Accidents dus à l'anastésie par le chloroforme Trois cas de syncope chloroformique combattus avec succès. *1 br. Paris, J.-B. Baillière et fils, 1883.*

1140. Henri Grosjean. — Note sur le poisson-chat. *1 br. Paris, Imprimerie nationale, 1884.*

1145. Fr. Guermonprez. — Troubles nerveux consécutifs à une fracture du crâne, etc., par accident de chemin de fer. *1 br. Paris, J.-B. Baillière et fils, 1883.*

1146. Fr. GUERMONPREZ. — Étude sur la réduction de la luxation du pouce en arrière au moyen des manœuvres de douceur. *1 br. Paris, J.-B. Baillière et fils, 1882.*

1147. Fr. GUERMONPREZ. — Notes cliniques sur quelques plaies des doigts. *1 br. Paris, J.-B. Baillière et fils, 1881.*

1148. Fr. GUERMONPREZ. — Manœuvres de réduction appliquées à un cas de traumatisme du rachis. *1 br. J.-B. Baillière et fils, 1883.*

1149. Fr GUERMONPREZ. — Simulation des douleurs d'origine traumatique. Diagnostic par les courants induits et interrompus. *Paris, J.-Baillière et fils, 1881.*

1150. Fr. GUERMONPREZ. — Étude sur la dépression du crâne pendant la seconde enfance. *1 br. Paris, P. Asselin, 1882.*

1151. Fr. GUERMONPREZ. — Note sur un cas de cysticerque du sein, etc. *Lyon, Association typographique, 1883.*

1152. Fr. GUERMONPREZ. — Lésions tardives après un traumatisme du rachis. *1 br. Paris, J.-B. Baillière et fils, 1883.*

1153. Fr. GUERMONPREZ. — Note sur le traitement de la pseudarthrose du tibia. *1 br. Bruxelles, H. Manceaux. 1883.*

1173. LE SUEUR.— Le miasmifuge, filtre à air portatif. Sa description. *1 vol. Paris, A. Davy, 1884.*

1182. L'hygiène et l'Industrie dans le département du Nord. Vade-mecum des conseils de salubrité, des Industriels et des fonctionnaires chargés de la police sanitaire. *1 vol. Lille, Danel, 1857.*

1199. A. FAUCON. — De l'emploi de la méthode antiseptique comme moyen préventif de la fièvre puerpérale. *1 br. Paris, J. B. Baillière et fils.*

VI. — POLYGRAPHIE SCIENTIFIQUE ET TECHNOLOGIQUE.

DICTIONNAIRES ET MANUELS.

97. Ad. Wurtz. — Dictionnaire de chimie pure et appliquée *6 vol. et 5 br. Paris, J. Claye, 1869 (à suivre)*.

99. Laboulaye. — Dictionnaire des arts et manufactures et de l'agriculture. *4 vol. Paris, Vieville et Capiomont, 1874*.

100. M.-N. Bouillet. — Dictionnaire universel d'histoire et de géographie. *2 vol. Paris, Hachette et Cⁱᵉ , 1872*.

201. J. Claudel. — Aide-mémoire des ingénieurs, des architectes, etc. Partie théorique, 1 vol. Partie pratique, 2 vol. *Paris, Dunod, 1871*.

203. H. Sonnet. — Dictionnaire des mathématiques appliquées. *1 vol Paris, Hachette et Cⁱᵉ , 1874*.

204. E. Littré. — Dictionnaire de la langue française. *5 vol. Paris, Lahure, 1873*.

204. A· Beaujan. — Dictionnaire de la langue française, abrégé du dictionnaire de E. Littré. *1 vol. Paris, Hachette et Cⁱᵉ , 1877*.

216. Rumpf-Mothes et Unverzagt. — Dictionnaire de poche technologique en 3 langues, Français-Allemand-Anglais. *3 vol. Londres, Trübner et Paternoster, 1872*.

206. Guillaumim et Cⁱᵉ.— Dictionnaire universel théorique et pratique du commerce et de la navigation. *2 vol. Paris, Guillaumin et Cⁱᵉ , 1873*

506. H -F. Rivière. — Codes français et lois usuelles. *1 vol. Paris, A. Marescq, aîné, 1879*.

535. O Lami et A. Tharel. — Dictionnaire encyclopédique et biographique de l'industrie et des arts industriels. *5 vol. Librairie du Dictionnaire de l'Industrie, 1881, (à suivre)*.

979. Vivant. — Dictionnaire technique anglais-français. *1 vol. Paris, Baudoin et Cⁱᵉ , 1885*.

BREVETS D'INVENTION.

Nⁱˢ
d'entrée.

475. MINISTÈRE DE L'AGRICULTURE ET DU COMMERCE. — Désignation et prix des fascicules parus, des brevets pris en 1861, 1862, 1863, 1864, 1871, 1872, 1873, 1874 et 1875. *1 feuille. Paris, Imprimerie Nationale, 1877.*

976. MINISTÈRE DU COMMERCE. — Catalogue des brevets d'invention. *1 vol. Paris, J. Tremblay, 1884.*

977 MINISTÈRE DU COMMERCE. — Descriptions des machines et procédés pour lesquels des brevets d'invention ont été pris. *1 vol. Paris, Imprimerie Nationale, 1884*

1119. MINISTÈRE DU COMMERCE. — Description des machines et procédés pour lesquels des brevets d'invention ont été pris. Tome 33ᵉ, 1ʳᵉ et 2ᵉ partie. *2 vol. Paris, Imprimerie Nationale, 1885.*

EXPOSITIONS.

Liste des récompenses. *1 vol. Paris, Imprimerie Nationale, 1878.*

501. ARMENGAUD. — Les moulins à farine à l'Exposition universelle internationale de 1878. *1 br. Paris, Armengaud, 1878.*

536. .... — Revue technique de l'exposition de 1878. *1 vol. Paris, Journal le Constructeur, 1878.*

586. DELEPORTE-BAYART. — Exposition universelle de 1878. Compte-rendu des résultats obtenus par l'exposition collective agricole du département du Nord. *1 vol. Roubaix, Florin, 1879.*

633. Georges C.-M. BIRDWOOD. — Exposition universelle de Paris 1878. Manuel de la section des Indes Britanniques. *4 vol. Londres, George E. Eyre et William Spottiswoode, 1878.*

692. G. DEMEULE. — La mécanique générale à l'exposition universelle de Paris 1878 dans ses rapports avec l'industrie elbeuvienne. *2 vol. Elbœuf, Levasseur, 1880.*

704. SOCIÉTÉ INDUSTRIELLE D'AMIENS. — Compte-rendu de l'inauguration de la première exposition ouvrière 1881. *1 br. Amiens, Jeunet, 1881.*

772. A. RENOUARD. — Rapport général sur l'exposition d'Art Industriel de Lille. *1 br. Lille, Danel, 1882.*

773. A. LADUREAU. — Compte-rendu du Congrès betteravier tenu à Paris en 1882. *1 vol. Lille, Danel, 1882.*

795. MINISTÈRE DU COMMERCE. — Expositions internationales. Londres 1871. Rapports. Œuvres d'art et produits industriels. *2 vol. Paris, J. Claye, 1872.*

796. MINISTÈRE DU COMMERCE. — Expositions internationales. Londres 1872. Rapports. Œuvres d'art et produits industriels. *2 vol. Paris, J. Claye, 1873.*

797. MINISTÈRE DU COMMERCE. — Expositions internationales. Londres 1874. Rapports. Œuvres d'art et produits industriels. *2 vol. Paris, J. Claye, 1874.*

798. MINISTÈRE DU COMMERCE. — Exposition universelle de Vienne. Rapports. Produits industriels. *6 vol. Paris, J. Claye, 1875.*

799. MINISTÈRE DU COMMERCE. — Exposition internationale Philadelphie 1876. Rapports. Œuvres d'art et produits industriels. *2 vol. Paris, J. Claye, 1877.*

800, 800bis.
1210 à 1214. { MINISTÈRE DU COMMERCE. — Exposition universelle Paris 1878. Rapports et catalogue. *22 vol. 68 br. Paris, Imprimerie Nationale, 1879.*

859. .... — Exposition internationale d'arts industriels au
Palais Rameau à Lille. *1 vol. Lille, Danel, 1883.*

897. L. DANEL et E.-J. ASSEZ. — Rapport présenté au Ministre du
Commerce sur l'imprimerie et la photographie à l'exposition
internationale et coloniale d'Amsterdam en 1883. *1 br. Lille,
Danel, 1883.*

D. — OUVRAGES DIVERS.

413. .... — L'affaire Philippart. *1 br. Paris, Paul Dupont, 1877.*

449. .... — Indicateur général illustré de l'Industrie et du Commerce pour 1878. *1 vol. Bruxelles, 1878.*

459. GAULIÉ. — Indicateur pratique des Postes et Télégraphes d'après les lois du 21 mars et du 6 avril 1878. *1 br. Avignon, Gros frères, 1878.*

471. Emile CUSSAC. — Céramique. Notice raisonnée sur les faïences formant la collection de l'auteur. *1 br. Lille, Danel, 1878.*

502. L. DANEL. — Hommage à la mémoire de M. Auguste-Jules-Joseph Longhaye. *1 vol. Lille, Danel, 1878.*

541. SOCIÉTÉ INDUSTRIELLE D'AMIENS. — Catalogue de la bibliothèque 1879. *1 vol. Amiens, T. Jeunet, 1879.*

577. MORGAND et FATOUT. — Bulletin mensuel de la librairie Morgand et Fatout 1878 à 1885. *10 vol. Paris.*

594 et 921. ACADÉMIE DE DOUAI. — Séance annuelle de rentrée des Facultés 1879, 1882 et 1883. *Douai, Duthilleul, 2 vol.*

595. ARMENGAUD. — Biographie de M. Gargan, constructeur de machines. *1 br. Paris, J. Claye, 1880.*

631. E. LACROIX. — Annales du génie civil. Années 1874 à 1880. *7 vol. et atlas.*

643. BENJ-RAMPAL. — Philippe de Girard. *1 br. Paris, Jouaust et fils, 1863.*

644. Bᵒⁿ Ch. DUPIN. — Rapport au Sénat sur des pensions à accorder aux héritiers de Philippe de Girard. *1 fasc. Paris, Noblet, 1853.*

645. Philippe de GIRARD. — Mémoire sur la priorité due à la France dans l'invention des machines à filer le lin et sur les droits exclusifs de M. Philippe de Girard à la création de cette grande industrie. *1 fasc. Paris, 1844.*

646. Comtesse de VERNÈDE DE CORNEILLAY dite DE GIRARD. — Pétition adressée au Sénat. *1 br. Paris, 1863.*

668. .... — 25ᵉ anniversaire de l'Association des Ingénieurs de Vienne. *1 br. Vienne, 1873.*

726. .... — Hommage à la mémoire de M. Frédéric Kuhlmann. *1 vol. Lille, Danel, 1881.*

727. J.-A. NORMAND. — Augustin Normand et Frédéric Sauvage. *1 br. Paris, Gauthier-Villars, 1881.*

741. Société Industrielle de Mulhouse. — Bulletin spécial publié à l'occasion du 50me anniversaire de la fondation de la Société, célébré le 11 mai 1876. *1 vol. Mulhouse, Vve Bader et Cie , 1876.*

753 et 1028. L. Figuier. — L'année scientifique et industrielle. Années 1880-81-82-83. *4 vol. Paris, Hachette et Cie .*

777. J.-M.-A. Perot. — L'homme et Dieu. Méditation physiologique sur l'homme, son origine et son essence. *1 vol. Paris, Strauss, 1881.*

790. V. Henry. — Esquisses morphologiques. Considérations générales sur la nature et l'origine de la flexion indo-européenne. *1 br. Lille, Quarré, 1882.*

791. V. Henry. — La distribution géographique des langues. *1 br. Lille, Danel, 1882.*

912. .... — Hommage à M. Frédéric Kuhlmann. *1 vol. Lille, Danel, 1878.*

936. G. A. Hirn. — Biographie de O. Hallauer. *1 br. Mulhouse, Vve Bader et Cie , 1884.*

937. Faillières. — Discours prononcé à la séance générale du Congrès des Sociétés savantes en 1884. *1 fasc.* ·

851. J. M. A. Perot. — Allégories sociales, morales et philosophiques. *1 vol. Paris, Librairie populaire, 1882.*

1016. .... — Stenographifches protockoll über die vom 30. April bis inclusive 8. Mai 1883 im Gewerbe ausfchuffe des Abgeordne tenhaufes stattgehabte enquête über die Arbei tergeseszgehung. *1 vol. Vienne, 1883.*

1067. Victor Henry. — Trente stances du Bhâminî-Vilâsa, accompagnées de fragments du commentaire inédit de Maôirâma. *1 br. Lille, Danel, 1885.*

1127. J. Boussinescq. — Quelques mots sur la vie et l'œuvre de M. de Saint-Venant. *1 br. Lille, Danel, 1886.* '

1143. .... — Organisation chrétienne de l'Usine par un industriel. Congrès de Nantes, août 1873. 2e question. *1 br. Paris, Bureau central de l'Union, 1873.*

1144. .... — Organisation chrétienne de l'Usine par un industriel (2e partie). Congrès de Lyon, août 1874. 27e et 28e questions. *1 br. Paris. Bureau central de l'Union, 1874.*

1164. .... — Notice sur M. Charles Paeile *1 br. Lille, Lefebvre-Ducrocq, 1881.*

1170. Gustave DESROUSSEAUX. — Marquette. Dédié aux fondateurs du tissage de Marquette. *1 br. Lille, L. Lefort, 1855*

1191. DE SAINT-VENANT. — Supplément à la Notice sur la vie et les travaux du comte du Buat. *1 br. Lille, Danel. 1885.*

1201. CORENWINDER. — Discours prononcé sur la tombe de J.-B. Lepeuple. *1 br. Lille, Danel.*

1117. BLÉTRY frères. — La conquête de l'air. *1 br. Paris, Blétry frères. 1886.*

1219. QUARRÉ-REYBOURBON. — De Paris à Londres au commencement du XVIIIᵉ siècle. *1 br. Lille, Danel. 1885.*

1245. A. RENOUARD. — La vie et les travaux de Benjamin Corenwinder. *1 br. Lille, Verly, Dubar et Cⁱᵉ. 1884.*

1266. W.-T. DOBSON. — The Introduction of Printing into Edinburg. *1 fasc. Edinburg, Ballantyne Press. 1886.*

1267. JAMES WOOD. — The Life of sir Walter Scott. *1 vol. Edinburg, Ballantyne, Hanson et Cᵒ. 1886.*

E. — PUBLICATIONS PÉRIODIQUES COURANTES.

I. — JOURNAUX ET PUBLICATIONS SPÉCIALES.

La Bibliothèque possède :

LA SUCRERIE INDIGÈNE (années 1866 à 1886).

JOURNAL DES FABRICANTS DE SUCRE (1874 à 1886).

MONITEUR DES FILS ET TISSUS (1874 à 1886).

JOURNAL DES BRASSEURS (1874 à 1886).

LA MÉTALLURGIE (1874 à 1886).

MONITEUR DE LA TEINTURE (1874 à 1886).

ANNALES DU COMMERCE EXTÉRIEUR (1874 à 1886).

L'ÉCONOMISTE FRANÇAIS (1875 à 1886).

LE JACQUART (1875 à 1886).

ANNALES AGRONOMIQUES (1875 à 1886).

JOURNAL D'HYGIÈNE (1877 à 1886).

LE FER (1877 à 1886).

LA SUCRERIE BELGE (1878 à 1886).

MONITEUR DES CONSULATS (1879 à 1884).

BULLETIN CONSULAIRE FRANÇAIS (1877 à 1886).

BULLETIN CONSULAIRE BELGE (1884 à 1886).

BULLETIN OFFICIELL DE LA PROPRIÉTÉ INDUSTRIELLE ET COMMERCIALE (1884 à 1886).

JOURNAL DE LA DISTILLERIE FRANÇAISE (1884 à 1886).

MONITEUR OFFICIEL DU COMMERCE (1884 à 1886).

RENSEIGNEMENTS COLONIAUX (1886).

REVUE DE LA LÉGISLATION DES MINES (1886).

REVUE UNIVERSELLE DE LA BRASSERIE ET DE LA MALTERIE (1885-86).

REVUE UNIVERSELLE DE LA DISTILLERIE (1885-86).

L'INDUSTRIE PROGRESSIVE (1885-86).

JOURNAL DES USINES A GAZ (depuis Juin 1886).

JOURNAL OFFICIEL (depuis le 1er Juillet 1886).

7

II. — JOURNAUX ET PUBLICATIONS POLYGRAPHIQUES.

ANNALES DU GÉNIE CIVIL (1874 à 1880. — Ne paraît plus).

MONITEUR SCIENTIFIQUE DE QUESNEVILLE (1873 à 1886).

LE CONSTRUCTEUR (1874 à 1886).

LE TECHNOLOGISTE (1874 à 1886).

LETTRES-CAUSERIES (1868 à 1886).

BULLETIN SCIENTIFIQUE DU DÉPARTEMENT DU NORD (1873 à 1886).

DOCUMENTS STATISTIQUES PUBLIÉS PAR L'ADMINISTRATION DES DOUANES (1874 à 1884).

ANNALES INDUSTRIELLES (1874 à 1886).

REVUE INDUSTRIELLE (1875 à 1886).

THE TEXTILE MANUFACTURER (1875 à 1886).

DINGLER'S POLYTECHNISCHES JOURNAL (1876 à 1886).

IL POLITECHNICO (1876 à 1886).

INSTITUTION OF MECHANICAL ENGINEERS (1879 à 1886).

PUBLICATION INDUSTRIELLE D'ARMENGAUD (tomes 6 à 10).

TRANSACTIONS OF THE NORTH ENGLAND INSTITUTE OF MINING AND MECHANICAL ENGINEERS (1881 à 1886).

LE GÉNIE CIVIL (1881 à 1886).

SCIENTIFIC AMÉRICAN (1882 à 1886).

LA NATURE (1885 à 1886).

L'INGÉNIEUR MÉCANICIEN (1884 à 1886).

DER PRACTISCHE MACHINEN CONSTRUCTEUR (1878 à 1886)

LA LUMIÈRE ÉLECTRIQUE (1883 à 1886).

III — SOCIÉTÉS INDUSTRIELLES ET SOCIÉTÉS D'ÉMULATION.

Société industrielle de Reims. (1872 à 1886).

Sòciété d'Émulation de Cambrai. (1873 à 1885).

Société industrielle de Lyon. (1873 à 1886).

Société d'émulation de la Seine-Inférieure. (1872-1886).

Société dunkerquoise. (1852 à 1858-1871-1876-1881-1883).

Société industrielle de Mulhouse. (1829-1847 à 1855-1860-1861-1863 à 1868-1871 à 1886).

Société industrielle d'Amiens. (1873 à 1886).

Société des Sciences de Lille. (1829 à 1886).

Société industrielle de Marseille. (1872 à 1885).

Société industrielle de Rouen. (1873 à 1886).

Société industrielle de Saint-Quentin. (1874 à 1886).

Société industrielle de Flers (Orne). (1875 à 1884).

Société industrielle d'Elbeuf. (1872 à 1885).

Société industrielle de l'Est. (depuis 1884).

Société du Commerce et de l'Industrie de Fourmies. (1881 à 1885).

Société d'encouragement pour l'Industrie nationale. (1850 à 1864-1881 à 1886).

Société d'émulation de Roubaix. (1869 à 1883).

Société industrielle d'Angers. (1875 à 1883).

IV. — SOCIÉTÉ D'AGRICULTURE.

Société d'Agriculture de Valenciennes (1875 à 1886).
Comice agricole du Nord (1873 à 1886).
Société d'Agriculture de Douai (1873 à 1885) (mémoires de 1870 à 1880).
Station agricole du Pas-de-Calais (1879 à 1885).
Société centrale d'Agriculture du Pas-de-Calais (1884 à 1886).

V. — SOCIÉTÉS DIVERSES.

SOCIÉTÉ DES ANCIENS ÉLÈVES DES ÉCOLES D'ARTS ET MÉTIERS (1874 à 1886).

SOCIÉTÉ DES INGÉNIEURS CIVILS (1848 à 1886).

COMITÉ CENTRAL DES FABRICANTS DE SUCRE (1868 à 1886).

SOCIÉTÉ DES INGÉNIEURS DE L'ÉCOLE DE LIÉGE (1874 à 1886).

ASSOCIATION DES PROPRIÉTAIRES D'APPAREILS A VAPEUR DU NORD DE LA FRANCE (1873 à 1883).

MUSÉE ROYAL DE BELGIQUE (1879 à 1883).

CHAMBRE DE COMMERCE DE DUNKERQUE (1877 à 1885).

SOCIÉTÉ DE GÉOGRAPHIE DE PARIS (1875 à 1886).

SOCIÉTÉ TECHNIQUE DE L'INDUSTRIE DU GAZ (depuis juin 1886).

ASSOCIATION PARISIENNE DES PROPRIÉTAIRES D'APPAREILS A VAPEUR (1876 à 1884).

SOCIÉTÉ INDUSTRIELLE DE VERVIERS (depuis 1884).

SOCIÉTÉ DE GÉOGRAPHIE DE LILLE (1880 à 1886).

SOCIÉTÉ DE PROTECTION DES APPRENTIS (1881 à 1886).

COMPTES-RENDUS DES SÉANCES DE L'ACADÉMIE DES SCIENCES (1842 à 1855 — 1882 à 1885).

ANNALES DE LA SOCIÉTÉ ACADÉMIQUE DE NANTES (1876 à 1885).

BULLETIN DE LA SOCIÉTÉ INTERNATIONALE DES ÉLECTRICIENS (1884 à 1886).

ASSOCIATION POUR PRÉVENIR LES ACCIDENTS DE MACHINES (Mulhouse) (1867 à 1885).

ASSOCIATION DES ANCIENS ÉLÈVES DE L'INSTITUT DU NORD (depuis l'origine).

MÉMOIRES ET TRAVAUX

PARUS DANS LES BULLETINS DE LA SOCIÉTÉ INDUSTRIELLE DU NORD

depuis l'origine

PAR LISTE ALPHABÉTIQUE D'AUTEURS.

NOMS.	TITRES.	ANNÉES
AGACHE, E...........	Utilisation des déchets de la filature de lin..	1875
ARNOULD, J.........	Questions d'hygiène publique actuellement à l'étude en Allemagne	1878
ARNOULD, J........	Assainissement de l'industrie de la céruse...	1878
ARNOULD, J.	De l'écrémage du lait.......	1878
ARNOULD, J.........	Sur l'installation de bains à peu de frais pour les ouvriers........................	1879
ARNOULD, J.........	Le congrès international d'hygiène de Turin	1880
ARNOULD, J.........	Sur un cas d'anémie grave ou intoxication oxycarburée survenue chez un ouvrier d'usine à gaz...........................	1880
ARNOULD, J.........	De la pénurie de la viande en Europe et de la poudre-viande du professeur Hoffmann	1881

NOMS.	TITRES.	ANNÉES
Bonte, Adrien........	Note sur les avantages que la France reti-rerait d'un grand développement de la culture du lin..........................	1873
Boivin...............	Utilisation directe des forces vives de la vapeur par les appareils à jet de vapeur ..	1875
Bonpain	Agencement des filatures de laines.........	1875
Bailleux-Lemaire ...	Note sur l'adjonction d'une barre dite guide-mèche aux bancs à broches pour lin et étoupes....................... ..	1875
Boivin...............	Des petits moteurs domestiques et de la machine à gaz Langen et Otto..........	1876
Boivin.....	Indicateur de niveau système Chaudré......	1876
Boivin.....	L'injecteur-graisseur Casier	1877
Bréguet, A..........	Le téléphone...........................	1877
Bernard, H..........	La sucrerie indigène en France et en Alle-magne...............................	1877
Bécour...............	De l'empirisme..........	1878
Bécour...............	De l'écrémage du lait	1878
Béchamp, A..........	Recherches sur les modifications de la ma-tière amylacée.....................	1883
Bère	Résumé du rapport fait par les délégués ouvriers de Lille à l'Exposition d'Ams-terdam	1884
Bère	La culture du tabac dans le département du Nord.....	1884
Bigo, Émile.........	Les cheminées d'usines...................	1885
Brunet, Félix........	La protection des enfants du premier âge...	1885
Bigo, Émile	Description d'une installation moderne de générateurs	1886

NOMS.	TITRES.	ANNÉES
Corenwinder	Observations sur les avantages que la France retirerait d'un grand développement de la culture du lin........................	1873
Cornut..............	Mémoire sur le travail absorbé par la filature de lin . ·..........	1873
Corenwinder........	Expériences sur la culture des betteraves à l'aide des engrais chimiques	1874
Cornut..............	Note sur l'appareil Orsat pour l'analyse des produits de la combustion................	1874
Corenwinder........	Étude sur les fruits oléagineux des pays tropicaux, la noix de Bancoul...........	1875
Corenwinder........	Étude comparative sur les blés d'Amérique et les blés indigènes.....	1875
Corenwinder et Woussen....	Les engrais chimiques et la betterave........	1875
Corenwinder....... .	De l'influence de l'effeuillaison des betteraves sur le rendement et la production du sucre	1875
Cornut..............	De l'enveloppe à vapeur	1876
Cornut..............	Pivot hydraulique Girard appliqué aux arbres verticaux de transmission................	1876
Corenwinder........	Note sur la margarine ou beurre artificiel...	1876
Corenwinder........	Conférence sur la culture des betteraves	1876
Corenwinder........	Cristallisation simultanée du sucre et du salpêtre	1876
Cornut..............	Sur les chaudières forcées................	1877
Corenwinder........	Recherche de l'acide phosphorique des terres arables.......	1877
Champion et Pellet..	Action mélassigène des substances contenues dans les jus de betteraves...............	1877
Canelle..............	Notice sur la carte minéralogique du bassin houiller du Nord.....................	1878
Collot, E............	Essais sur le commerce et la fabrication des potasses indigènes.................	1878
Cleuet	Mémoire sur un pyromètre régulateur	1878
Corenwinder........	De l'influence des feuilles sur la production du sucre dans les betteraves............	1878
Crépy, Ed	Du recouvrement des effets de commerce par la poste	1878

NOMS.	TITRES.	ANNÉES
Corenwinder et Contamine...	Le Panais..................................	1879
CORNUT...............	Explosion des locomobiles.................	1879
Corenwinder et Contamine...	Nouvelle méthode pour analyser avec préci-sion les potasses du commerce..........	1879
COUSIN, Ch.....	Note sur un nouveau parachûte équilibré avec évite-mollettes.....................	1879
CORNUT...............	Étude géométrique des principales distribu-tions en usage dans les machines à vapeur fixe...........................	1879
CORNUT...............	Indicateur continu de vitesse de M. Lebreton	1880
COLLOT, T.............	Étude sur les engrais commerciaux.........	1880
CORENWINDER.........	Utilisation des drèches provenant de la dis-tillation du maïs, d'après le procédé Porion et Mehay................................	1880
CHAMBERLAND.........	Conférence sur les travaux de M. Pasteur...	1880
CHAVATTE	Creusement du puits de Quiévrechain.......	1884
CORENWINDER.........	Recherches biologiques sur la betterave.....	1884
CARRON...............	Broyage de la céruse......................	1886

NOMS.	TITRES.	ANNÉES
DUBUISSON	Cités ouvrières..........................	1874
DELANOYE	Maisons d'ouvriers........................	1874
DE L'AULNOIT (Houzé)	Hygiène industrielle	1874
DUBERNARD......... .	Dosage des nitrates et dosage de l'acide phosphorique...........................	1874
DELAMME............	Sur la durée de la saccharification des matières amylacées......................	1874
DESCAMPS, Ange	Utilité des voyages.......................	1874
DU RIEUX............	Des effets de la gelée sur les maçonneries...	1875
DESCAMPS, Ange	Étude sur la situation des industries textiles.	1876
DUPLAY..............	Note sur les métiers à filer au sec..........	1876
DU RIEUX............	Fabrication du gaz aux hydrocarbures......	1876
DU. RIEUX............	Autun et ses environs. Exploitation des schistes..............................	1876
DUBERNARD	Recherche de l'alcool	1876
DESCAMPS, Ange.....	Excursion à l'exposition de Bruxelles.......	1876
DOMBRE, Louis.......	Étude sur le grisou	1877
DUPLAY..............	Emploi des recettes provenant du magasinage dans les gares de chemins de fer...,	1877
DE L'AULNOIT (Houzé)	Note sur le congrès international d'hygiène.	1878
DESCAMPS, Ange.....	Lille ; un coup d'œil sur son agrandissement, ses institutions, ses industries....	1878
DÉPIERRE, Jos........	Étude statistique et commerciale sur l'Algérie..............................	1879
DESCAMPS, Ange.....	Rapport sur le congrès international de la propriété industrielle, tenu à Paris en 1878	1879
DELEPORTE-BAYART...	Sur la culture du houblon	1879
DE MOLLINS, Jean....	Note sur un nouveau mode de génération de l'ammoniaque et sur le dosage de l'acide nitrique.................................	1879
DE L'AULNOIT (Houzé)	Bains et lavoirs publics de Rouen, bains publics de la cour de Cysoing...	1879
DELEPORTE-BAYART...	Culture des pois dans les salines des environs de Dunkerque	1879
DE MOLLINS, Jean....	Huiles et graisses de résine................	1880
DE MOLLINS, Jean....	Fabrication de la diphénylamine............	1880

NOMS.	TITRES.	ANNÉES
De Mollins , Jean....	Épuration des eaux de l'Espierre..	1880
De Mollins , Jean....	Épuration des eaux-vannes................	1880
De Mollins , Jean....	Fabrication du carbonate de potasse..	1881
De Mollins , Jean....	Alcalimétrie...............................	1881
Durot, Louis........	Étude comparative des divers produits employés pour l'alimentation des bestiaux ..	1881
Deleporte-Bayart...	Invasion des souris , mulots et campagnols dans les campagnes du Midi............	1881
De Mollins , Jean....	La question de l'Espierre (3ᵉ mémoire).....	1881
De Mollins . Jean....	La question des eaux-vannes..............	1881
De Mollins , Jean....	Épuration des eaux-vannes des peignages de laines..............................	1881
Dubar	Notice biographique sur M. Kuhlmann père	1881
Deprez..............	Basculeur pour le déchargement des wagons	1882
De Mollins , Jean ...	Appareil contrôleur d'évaporation	1882
Le Marqⁱˢ d'Audiffret	Le système financier de la France.........	1882
Le Marqⁱˢ d'Audiffret	Moyens pratiques de mettre les employés de commerce et de l'industrie à l'abri du besoin..............................	1883
Daussin	Note sur le moteur Daussin	1883
Delebecque.........	Rapport sur l'épuration des eaux..........	1884
Doumer et Thibaut...	Spectre d'absorption des huiles...........	1884
Descamps , Ange.....	Rapport sur une proposition de loi relative aux fraudes tendant à faire passer pour français des produits fabriqués à l'étranger ou en provenant......................	1884
Dubernard..........	Dosage volumétrique de la potasse	1885
De Leyn.............	Conservation des viandes par le froid.......	1885

NOMS.	TITRES.	ANNÉES
Evrard..............	Cordage en usage sur les plans inclinés.....	1877
Eustache	Couveuse pour enfants nouveaux-nés	1885
Faucheur-Deledicque	Considérations sur les avantages que la France retirerait d'un grand développement de la culture du lin	1873
Feltz	Influence des matières étrangères sur la cristallisation du sucre..................	1874
Flourens , G.........	Valeur de quelques résidus des industries agricoles	1875
Flourens , G.........	Étude sur les moteurs proposés pour la traction mécanique des tramways............	1876
Flourens , G.........	Étude sur la cristallisation du sucre	1876
Flourens , G.........	Appareils d'évaporation employés dans l'industrie sucrière..	1877
Flourens , G.........	Procédé de clairçage et fabrication du sucre raffiné en morceaux réguliers	1877
Flourens , G.........	La locomotive sans foyer de M. Francq.....	1878

NOMS.	TITRES.	ANNÉES
FAUCHEUX	Procédé de fabrication des carbonates alcalins	1878
FLOURENS, G.........	Observations pratiques sur l'influence mélassigène du sucre cristallisable	1879
FLOURENS, G.........	Résumé analytique du guide pratique des fabricants de sucre de M. F. LEURS	1879
FAUCHEUX, Louis	Sur la production de divers engrais dans les distilleries	1880
FAUCHEUR, Ed......	Allumeurs électriques de Desruelles	1881
FOUGERAT	Moyens mécaniques employés pour décharger les wagons de houille...............	1882
FRICHOT	Filature de lin à l'eau froide...............	1882
FAUCHER	Extraction du salpêtre des sels d'exosmose..	1883
FOUQUÉ...	Les Volcans	1884

NOMS.	TITRES.	ANNÉES
Gosselet	Étude sur le gisement de la houille dans le Nord de la France	1874
Goguel	Note sur un appareil destiné à préciser le nombre des croisures dans un tissu diagonal	1876
Gimel	De la division de la propriété dans le département du Nord.........................	1877
Gauche, Léon.......	Rapport sur le congrès international du numérotage des fils....................	1878
Goguel	Appareil Widdemann pour le tissage des fausses lisières............	1878
Goguel ....:.........	Ouvrage de M. Soret : Revue analytique des tissus anciens et modernes	1878
Grimaux..............	Conférence sur les phénomènes de la combustion et de la respiration..............	1879
Goguel	Renvidage des mèches de bancs à broches..	1880
Géraldy..............	Conférence sur l'état actuel de la science de l'électricité ; la lumière et la distribution de force	1881
Goguel	Tracé des excentriques pour bobinoirs......	1883
Goguel	Nouvelle broche pour métiers à filer à bague	1883
Goguel	Appareil à aiguiser les garnitures de cardes.	1883
Gaillet	Rapport sur les diverses applications de l'électricité dans le Nord de la France	1884
Guéguen et Parent..	Étude sur l'utilisation pratique de l'azote des houilles et des déchets de houillères.....	1885
Goguel	Théorie du cardage........	1885
Goguel	Détermination pratique du nombre de croisures dans les tissus croisés mérinos ou cachemires	1885

NOMS.	TITRES.	ANNÉES
Hochstetter.........	Nouvelle méthode pour le dosage des nitrates	1873
Henry...............	Note sur les colonies anglaises et françaises de la Sénégambie et de la Guinée........	1876
Junker , Ch....,....	Note sur la patineuse mécanique de Galbiati	1879
Janvier.............	Métier à deux toiles.............	1881
Jurion............:...	Frein modérateur pour machines à coudre ..	1882

NOMS.	TITRES.	ANNÉES
Kolb, J.	Note sur le pyromètre Salleron	1873
Kuhlmann, père	Note sur la désagrégation des mortiers	1873
Kuhlmann, fils	Note sur quelques mines de Norwège	1873
Kolb, J.	Étude sur les phosphates assimilables	1874
Kuhlmann, fils	Transport de certains liquides industriels	1874
Kolb, J.	Note sur les incrustations de chaudières	1875
Kuhlmann, fils	De l'éclairage et du chauffage au gaz, au point de vue de l'hygiène	1875
Kuhlmann, fils	Note sur l'Exposition de Philadelphie	1876
Kuhlmann, fils	Condensation des vapeurs acides et expériences sur le tirage des cheminées	1877
Kuhlmann, fils	Note sur l'explosion d'un appareil de platine	1879
Kolb, J.	Évolution actuelle de la grande industrie chimique	1883
Kolb, J.	Principe de l'énergie et ses conséquences	1886
Kœchlin, A.	De la filature américaine	1886

NOMS.	TITRES.	ANNÉES
Le Gavrian, P.	Causerie sur l'Exposition de Vienne. Les machines motrices.	1873
Leloutre, G.	Recherches expérimentales et analytiques sur les machines à vapeur	1873
Leloutre, G.	Recherches expérimentales et scientifiques sur les machines à vapeur (suite)	1874
Ladureau	Utilisation des eaux industrielles et ménagères des villes de Roubaix et de Tourcoing.	1874
Lacroix	Procédés mécaniques de fabrication des briques.	1874
Lemoine	Note sur l'éclairage au gaz.	1875
Lavalley	Conférence sur le percement du tunnel sous-marin	1875
Lacombe	Dosage des métaux par l'électrolyse	1875
Ladureau	Sur la teinture en noir d'aniline	1875
Ladureau	Sur le bois de Caliatour.	1875
Ladureau	Sur la composition élémentaire de quelques couleurs d'aniline.	1875
Leblan, J.	Appareil avertisseur des commencements d'incendie	1876
Lamy	Une visite à la fabrique de la levûre française de Maisons-Alfort	1876
Ladureau	Influence de l'écartement des betteraves sur leur rendement	1876
Ladureau	Influence des engrais divers dans la culture de la betterave à sucre.	1876
Ladureau	Étude sur les causes des maladies du lin.	1876
Lamy	Du rôle de la chaux dans la défécation	1876
Lacombe	Dosage des nitrates en présence des matières organiques	1876
Longhaye	Conférence sur l'œuvre des invalides du travail.	1876
Ladureau	Sur les maladies du lin.	1877
Lacombe	Aéromètre thermique Pinchon.	1877
Lacombe	Dosage de la potasse.	1877

NOMS.	TITRES.	ANNÉES
LADUREAU	Composition de la laine....................	1877
LADUREAU	Culture des betteraves....................	1877
LABROUSSE , Ch.......	Moyens préventifs d'extinction des incendies	1878
LADUREAU	Étude sur la brûlure du lin..........	1878
LADUREAU	Études sur la culture du lin à l'aide des engrais chimiques	1878
LADUREAU	Note sur la présence de l'azote nitrique dans les betteraves à sucre....................	1878
LADUREAU	Études sur la culture des betteraves, influence de l'époque de l'emploi des engrais	1878
LECOMTE , Maxime ...	Manuel du commerçant....................	1878
LECOMTE , Maxime ...	Étude comparée des principales législations européennes en matière de faillite	1878
LADUREAU	Note sur la luzerne du Chili et son utilisation agricole	1879
LADUREAU :..........	Études sur la culture de la betterave à sucre	1879
LADUREAU	Étude sur l'utilisation agricole des boues et résidus des villes du Nord	1879
LADUREAU	Du rôle des corps gras dans la germination des plantes	1879
LADUREAU	Composition de la graine de lin	1880
LADUREAU	Préparation de l'azotine	1880
LADUREAU	La section d'agronomie au Congrès scientifique d'Alger en 1881......	1881
LADUREAU	Culture de la betterave à sucre. Expériences de 1880.....................	1881
LAURENT , Ch.........	Notice biographique sur M. Kuhlmann fils.	1881
LELOUTRE , G.........	Les transmissions par courroies , cordes et câbles métalliques	1882
LADUREAU	L'acide phosphorique dans les terres arables	1882
LADUREAU	L'acide sulfureux dans l'atmosphère de Lille	1882
LACOMBE..............	Dosage des huiles végétales...............	1883
LADUREAU	Procédé de distillation des grains de M. Billet............................	1883
LADUREAU	Du rôle de l'acide carbonique dans la formation des tissus végétaux	1883

NOMS.	TITRES.	ANNÉES
LE BLAN, P..........	Rapport sur le projet de loi relatif à la réduction des heures de travail...............	1884
LABBE-ROUSELLE......	Examen du projet de la Commission parlementaire relatif à la réforme de la loi sur les faillites	1884
LADUREAU	Recherches sur le ferment ammoniacal......	1885
LADUREAU	L'agriculture dans l'Italie septentrionale....	1885
LADUREAU	La betterave et les phosphates............	1885
LADUREAU	Études sur un ferment inversif de la saccharose	1885
LECOUTEUX et GARNIER	Nouvelle machine verticale à grande vitesse pour la lumière électrique...............	1886

NOMS.	TITRES.	ANNÉES
Mathias, F.	Observations sur la manière dont on évalue à Lille et dans les environs la force des machines et des générateurs	1873
Mille, A.	Les eaux d'égout et leur utilisation agricole.	1874
Mille, A.	Utilisation des eaux d'égout	1874
Mathelin	Étude sur les différents systèmes de compteurs d'eau	1874
Mathelin	Moyens de sauvetage en cas d'incendie	1874
Mourmant-Wackernie	Machines à peigner du système Vanoutryve	1875
Mascart	Conférence sur la composition physique des couleurs	1878
Meunier	Renseignements pratiques sur les contrats et opérations d'assurances contre l'incendie	1878
Marsillon	Le chasse-corps	1879
Melon	L'éclairage électrique et l'éclairage au gaz au point de vue du prix de revient	1884
Melon	Note sur le compteur à gaz	1885
Melon	Principe de l'éclairage au gaz	1886

NOMS.	TITRES.	ANNÉES
NICODÈME	Appareils fumivores de M. THIERRY fils	1873
NEWNHAM	Constructions des théâtres	1881
NEWNHAM	Forage des puits d'après le système Pagniez-Mio...	1882
OUDIN , Léonel........	Étude sur les sociétés anonymes	1878

NOMS.	TITRES.	ANNÉES
PASTEUR.............	Nouveau procédé de la fabrication de la bière	1874
PHILIPPE , G.........	L'humidité, ses causes, ses effets, les moyens de la combattre............	1879
PIÉRON	Sur la durée des appareils à vapeur.........	1884
PIÉRON	Agrandissement de la gare de Lille.........	1885
PIÉRON	Le nickel et ses plus récentes applications..	1885
PARSY, P.	Rouissage industriel du lin...............	1886
PORION	Sur un nouveau mode d'emploi de la diastase en distillerie...........................	1886

NOMS.	TITRES.	ANNÉES
RENOUARD, A........	Du conditionnement en général et de son application aux cotons et aux lins........	1873
RENOUARD, A........	Étude sur le peignage mécanique du lin ...	1874
RENOUARD, A.........	De quelques essais relatifs à la culture et à la préparation du lin................	1874
RENOUARD, A........	Des réformes possibles dans la filature du lin	1874
RENOUARD, A........	Du tondage des toiles....................	1874
RENOUARD, A........	Distinction du lin et du chanvre d'avec le jute et le phormium dans les fils et tissus	1875
RENOUARD, A........	Nettoyage automatique des gills et des barrettes dans la filature du lin..........	1875
RAGUET..............	Utilisation des fonds de cuves de distillerie.	1875
RENOUARD, A........	Le lin en Russie	1876
RENOUARD, A........	Théorie des fonctions du banc-à-broches; analyse du travail de M. Grégoire.	1876
RENOUARD, A........	Étude sur la carde pour étoupes...........	1876
RENOUARD, A........	Culture du lin en Algérie.................	1877
RENOUARD, A........	Nouvelles observations sur la théorie du rouissage du lin	1877
RENOUARD, A........	Nouvelles recherches micrographiques sur le lin et le chanvre.	1877
ROUSSEL.............	Sur les fourneaux économiques...........	1877
RENOUARD, A........	Note sur le rouissage du lin...............	1878
RENOUARD, A........	Blanchiment des fils.....................	1878
RENOUARD. A.......	Étude sur la végétation du lin	1878
RENOUARD, A........	Note sur les principales maladies du lin....	1878
RENOUARD, A........	Le lin en Angleterre	1879
RENOUARD, A........	Le lin en Belgique, en Hollande et en Allemagne	1880
RENOUARD, A........	Les fibres textiles en Algérie..............	1881
RENOUARD, A........	Étude sur la ramie........	1881
ROUSSEL, Émile......	La teinture par les matières colorantes dérivées de la houille................... ...	1881
RENOUARD, A........	Les tissus à l'Exposition des arts industriels de Lille	1882

NOMS.	TITRES.	ANNÉES
Renouard, A........	L'abaca, l'agave et le phormium..........	1882
Renouard, A........	Les crins végétaux..................	1882
Roussel, Ém........	Matières colorantes dérivées de la houille...	1882
Roussel, Ém........	Les matières colorantes dérivées de la houille	1883
Reumaux...........	Serrement exécuté dans la mine de Douvrin	1884
Ryo...............	Machine à réunir et à peser les fils........	1884
Renouard, A........	Biographie de M. Corenwinder..........	1884

NOMS.	TITRES.	ANNÉES
Sée, Ed.............	Havage mécanique dans les mines de charbon	1873
Sée.................	Nouveau procédé de conservation des bois..	1875
Sée, Paul..........	Des expertises en cas d'incendie...........	1876
Sarralier	Compensateur Sarralier...................	1877
Sée, Paul..........	Observations sur un nouveau système de chauffage	1879
Sée, Paul..........	Industrie textile. Machines et appareils à l'Exposition de 1878..................	1879
Sée, Paul.	Note sur les récentes améliorations apportées dans la construction des transmissions de mouvement............................	1879
Sée, Paul..........	Étude sur la meunerie.	1883
Schmitt	Le beurre, ses falsifications et les moyens de les reconnaître..........................	1883
Schmitt	Dosage des acides gras libres dans les huiles	1883
Sartiaux	Les chemins de fer.......................	1883
Schmitt	Analyse du beurre par le dosage des acides gras volatils............................	1884
Seibel...............	Les fours à cokes........................	1885
Schmitt	Étude sur la composition des beurres de vache, de chèvre et de brebis...........	1885

NOMS.	TITRES.	ANNÉES
Thomas, A............	Planimètre polaire d'Amsler. Théorie démonstrative	1874
Terquem.............	Production artificielle de la glace (1re partie)	1874
Terquem.............	Thermomètre avertisseur..................	1875
Thomas.............	Méthode d'analyse des laines peignées......	1875
Terquem	De l'éclairage électrique par l'appareil Gramme.	1876
Terquem	Appareil Meidinger pour la préparation des glaces alimentaires......................	1876
Thiriez, A...........	Les institutions de prévoyance au Congrès de Bruxelles...........................	1876
Terquem	Lampe à gaz et lampe monochromatique...	1880
Trannin.............	Saccharimètre des raperies	1884
Thibaut	La bière à Lille..........................	1884
Tissandier, G........	La navigation aérienne...................	1885

NOMS.	TITRES.	ANNÉES
VIOLETTE.............	Analyse commerciale des sucres............	1874
VRAU.................	Utilité des voyages.......................	1874
VRAU..	Étude sur les caisses d'épargne, les caisses de secours et les caisses de retraite pour les ouvriers industriels..................	1875
VALDELIÈVRE.........	Le Peet-Valve	1877
VASSART (l'abbé)......	Application de l'électricité à l'éclairage des ateliers	1877
VALROFF	Des caisses de secours dans les établisse- ments industriels	1877
VRAU, E.............	Hygiène des habitations..................	1878
VANDENBOSSCH	Machine à pienner	1882
VINSONNEAU	Vanne double...........................	1883

NOMS.	TITRES.	ANNÉES
Woussen, H.........	Note sur quelques moyens d'apprécier le travail des presses et des râpes dans les sucreries.............................	1873
Woussen, H.........	Note additionnelle sur les moyens d'apprécier le travail des presses et des râpes dans les sucreries	1873
Wutz..	Histoire d'un bloc de houille	1876
Wolf	Les Comètes.............................	1882
Witz, A.............	De l'action de paroi dans les moteurs à gaz tonnant.................................	1883
Wilson..............	L'extincteur « Le Grinnell ».............	1884
Witz, A..	Chaleur et température de combustion du gaz d'éclairage	1885
Witz, A.............	Réponse à quelques objections contre l'action de paroi.............	1886

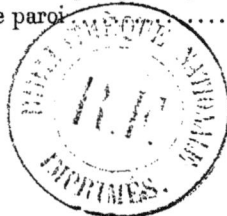

Lille Imp. L. Danel.